Mario Mantese: Aufbruch in die Ewigkeit

Mario Mantese

Aufbruch in die Ewigkeit

DREI EICHEN VERLAG
D-8300 Ergolding

Die Deutsche Bibliothek – CIP-Einheitsaufnahme

Mantese, Mario:
Aufbruch in die Ewigkeit / Mario Mantese. –
1.–3. Tsd. – Ergolding :
Drei-Eichen-Verl., 1992
ISBN 3-7699-0522-9

ISBN 3-7699-0522-9
Verlagsnummer: 522

1. Auflage, 1.–3. Tausend 1993
Satz: Fotosatz-Service Weihrauch, Würzburg
Schrift: Souvenier
Umschlagbild: Hansjörg Moning, Biel

Inhaltsverzeichnis

Besonderen Dank an meine Familie, an Dylan und Susanne für ihre Liebe, an Inge Schneider für das Vorwort und ihre wertvolle Mitarbeit. Gleichermaßen möchte ich meinen Dank an Hansjörg Moning für das Umschlagbild aussprechen und an alle meine Freunde richten, mit denen ich im Geiste vereint bin!

„Die Erkenntnis, nämlich daß das wirkliche Selbst ewig existiert und das Unwirkliche, das Nichtselbst, zu keiner Zeit existiert, ist ständig in all jenen gegenwärtig, die mit der Wirklichkeit, dem wahren Wesen des Brahman, dem Absoluten, der Gesamtheit und die mit dem ‚DU BIST DAS', vertraut sind."

Bhagavad Gita

Vorwort

In einer Geschichte erzählt Rabindranath Tagore: „Tausende von Leben lang suchte ich nach Gott. Ich sah ihn manchmal von ferne, aber wenn ich näher kam, war er schon weitergegangen. Ich ging und ging. Schließlich kam ich an ein Tor, an dem geschrieben stand: „Dies ist das Haus, wo Gott wohnt.“
Da wurde ich zum ersten Mal unruhig und verwirrt. Zitternd ging ich die Treppe hoch. Eben wollte ich an die Türe klopfen, als ich blitzartig erkannte...
Sollte ich an der Tür anklopfen und Gott würde mir öffnen, was dann? Dann wäre alles zu Ende – mein Alltag, meine Pilgerschaft, meine großen Abenteuer, meine Philosophien, meine Poesie, die Sehnsucht meines Herzens – alles wäre zu Ende. Es würde Selbstmord bedeuten!“
An diesem Punkt angelangt, erzählt Rabindranath Tagore weiter:
„Ich zog meine Schuhe von den Füßen, denn wenn ich mit Schuhen die Treppe hinuntergegangen wäre, hätte es ja vielleicht Lärm verursachen können.
Sobald ich den Weg erreicht hatte, begann ich zu rennen. Und ich schaute nicht mehr zurück. Seither renne und renne ich, seit Tausenden von Jahren.

Immer noch suche ich nach Gott, obwohl ich jetzt weiß, wo er wohnt. Alles, was ich somit zu tun habe, ist auf meiner Suche diesen Ort zu vermeiden. Sonst kann ich überall suchen. Dieses eine Haus muß ich vermeiden. Dieses Haus plagt mich fortwährend. Ich erinnere mich ganz genau: sollte ich dieses Haus betreten, wäre alles zu Ende!"

Dies ist die Geschichte des Menschen, der Gott sucht ...

Es ist auch Thema dieses Buches. Doch der Mensch, der dieses Buch geschrieben hat, hat Gott gefunden, und so handelt auch die Geschichte von einem, der Gott gefunden hat.

Auch Mario Mantese kam, wie Tagore beschreibt, nicht freiwillig vor die Tore Gottes – ein seltsames, erschütterndes Schicksal zwang ihn dazu, die Türe zu öffnen. Ein Messerstich brachte die Wende in seinem Leben. 1978 wurde er als Mitglied der Popgruppe „Heatwave" (über zehn Millionen verkaufter Schallplatten) nach dem Besuch eines Galaabends in London von einem Unbekannten überfallen. Schon mehrere Minuten klinisch tot, kam er mit einem Messerstich im Herzen in ein Londoner Spital. Die Ärzte wandten alle ihre Künste an, um Mario ins Diesseits zurückzuholen. Doch Mario lag einen Monat lang im Koma. Während dieser Zeit durchwanderte seine Seele die Reiche des Jenseits bis vor die Tore Gottes, bis zum „Point of no return".

Überwältigt von der Vision dessen, was die diesseitig orientierten Menschen den „Tod" nennen, kehrte Marios Seele in den Körper zurück, der ihm wie ein Gefängnis vorkam. Lieber wäre er dort geblieben, wo ihm

alles so leicht und licht vorkam. Doch noch war der Zeitpunkt dafür nicht gekommen.
Der Körper war als Folge des Unglücks stumm, gelähmt und blind! Doch Mario hatte auf seiner Reise durch das Jenseits von Mächten und Weiten erfahren, die ihm ermöglichten, sich im Laufe der Jahre mit geistigen Kräften wiederherzustellen. Er wußte, daß Gesundheit kein nur an den Körper gebundenes Geschehen ist. In der Welt war er – der seelisch Geheilte und Geläuterte – umgeben von körperlich „Gesunden", aber allzu oft seelisch Kranken, die ihn, den körperlich Versehrten, als Krüppel abtaten ...
Die Erfahrung war total, und Mario bekennt im Hinblick auf seinen „Tod": „Indem ich alles verlor, habe ich alles gewonnen." Er verlor Familie, Karriere und alte Wertvorstellungen und gewann innere Freiheit und erlebte eine völlige Umwandlung seines Wesens.
So war die Wiederherstellung seines Körpers erst der Anfang eines Prozesses, der nun auch in seiner Arbeit, in Seminaren und in Büchern, Ausdruck gefunden hat. Es geht um einen Transformationsprozeß – auch Transfiguration genannt –, in dem das ganze Naturwesen des Menschen völlig umgewandelt wird. Es geschieht eine Umpolarisierung von Blut, Zellen und Gehirnstruktur, derzufolge die Informationen des Negativen und des Todes aus dem ganzen Wesen eliminiert werden. Die Folge ist die Überwindung des Todes im Hier und Jetzt. Die Ewigkeit bricht durch das Zeiträumliche hindurch, und die Stille stillt alle Fragen.
Die Transfiguration bedingt einen naturgesetzmäßigen

Abbau des Ichs, des Persönlichkeitsmenschen, und ein Aufgehen im Göttlichen.
Einem solchen Menschen eröffnen sich innere Türen und Tore, und der lange Weg der Seelenwanderung von einem Leben zum anderen findet ein Ende, kehrt zum paradiesischen Ursprung zurück.
Die Wege, die zum inneren Gott führen, sind oftmals verschlungen und abenteuerlich. So begleitet der Leser Mister Piters bzw. Mister Mongrave – die Hauptfiguren dieses Buches – auf Reisen nach Shanghai, zur Loge des Goldenen Drachens, wo sich der geistige Pfad zu Gott offenbart; zurück in ein früheres Leben in Ägypten; nach London in die bürgerliche Existenz eines etwas verbitterten Junggesellen. Durch die innige Liebe zu Natascha und die Begegnung mit Mister Romanefski und Mister Wang eröffnen sich weite Perspektiven. Eine Reise zu den verborgenen Meistern in Indien stellt sich als Reise ins Innere dar, die im Wesen von Mister Mongrave eine völlige Reinigung bewirkt.
Findet Mr. Piters, der „seelische Vorgänger" Mister Mongraves, im Sarg des Meisters keine Leiche, sondern ein Schwert, so entschlüsselt sich dessen Bedeutung im Folgenden als das Schwert aus der Bibel, von dem Jesus Christus sagte: „Ich bin nicht gekommen, um den Frieden zu bringen, sondern das Schwert." Es ist das Schwert, das das Ego durch Erkenntnis seiner Gefallenheit und seiner Gottferne ins eigene Wesen rammen muß, um dadurch den Weg zu Gott freizulegen. Es ist der Weg, der zur geistigen Wiedergeburt führt.
Wird Mister Mongrave im Traum ein Becher voller Blut

gereicht, so ist es das Blut des gefallenen Menschen, das durch den Wiedergeburtsprozeß geläutert werden muß. So wird der Becher zum Gral, der dem Gralssucher den Blick auf die ewige Stadt offenbart.
Tönt hier auch manches symbolhaft und verschlüsselt, so liest sich die Geschichte doch wie ein äußerst spannender Roman, dessen Hauptfiguren den Leser „mitnehmen". Sie berühren den Leser in seinem Inneren, dort, wo die Sehnsucht nach dem Absoluten wohnt.
Die magische Anziehung der Geschichte erfolgt aufgrund der Tatsache, daß der Autor manche autobiographische Erfahrung hineingeflochten hat. So sieht der Autor die Menschheit am Rande einer Entwicklungsstufe stehend, zum Teil orientierungslos und nach neuen Ausblicken ringend. Alte Strukturen in Gesellschaft, Politik, Kultur und Religion versagen mehr und mehr, denn sie sind nur brüchige Kulissen einer Scheinwelt. So geht das Zerbrechen des Alten einher mit dem Auferstehen der neuen Kraft, der Neuen Welt und des Neuen Menschen. Die Frage nach dem Sinn der Existenz kann somit nur darin gefunden werden, dem roten Faden im Inneren, dem Faden der Ariadne, zu folgen, der zu Gott führt.
Doch „Gott" ist nicht der „Götze", den weltliche Religionen durch Einkerkerung in Dogmen und Gebäuden aus ihm gemacht haben, keine Vaterfigur, sondern reiner Geist, der beim Fall des Menschen einen Geistfunken in dessen Herzen zurückgelassen hat. Dieser Geistfunke – der rote Faden der Ariadne – vermag es, den Geist-Seelen-Menschen zu wecken – das war und ist

auch das Ziel jener Wesen, die immer wieder aus der Gottsphäre auf die Erde herniedergestiegen sind: Krishna, Buddha, Vivekananda, Jesus Christus, Yogananda und viele andere. Es ist der Weg, auf den Mystiker wie Meister Ekkehart oder Jacob Böhme hingewiesen haben, der hermetische Weg des Hermes Trismegistos. Es ist auch das Ziel dieses Buches.

Durch den geschilderten Umwandlungsprozeß werden Diesseits und Jenseits als mentale Produkte des zeiträumlichen Ich-Wesens und damit als Fiktion erkannt. Daraus erwacht die Sehnsucht nach dem ganz anderen Lebensgebiet, der neuen Dimension jenseits von Zeit und Raum.

Auf diesem Weg, der nicht mehr materie-, sondern geistorientiert ist, eröffnet sich prozeßmäßig eine neue, ganz andere Schau, und Unsichtbares wird sichtbar. Bei Mario, der als Kind und Jugendlicher bereits hellsichtig war und Heilfähigkeiten besaß, stellte sich auf dem Weg der Transfiguration eine ganz andere Hellsichtigkeit ein, indem er durch das Seelenauge, das Dritte Auge, die göttliche Welt zu sehen vermag. Das bedeutet ein Einssein mit dieser Welt, ein Einssein im Denken, Handeln und Fühlen. In diesem Zustand offenbart sich erst die Wirklichkeit. Hellsicht bedeutet hier nicht (nur), die Strahlungsfelder und Auren der Elemente und Wesen zu sehen, sondern kennzeichnet das Einbrechen des Lichtes in das Wesen des Menschen, so daß der Mensch alles „hell sieht". Erst durch diesen Hinweis werden dem Leser einige Eindrücke dieses Buches verständlich und klar, und er versteht, daß sich diese Hellsicht fundamental von der okkulten Hellsichtigkeit unterscheidet, die vom Ego ausgeht und Gefangenschaft mit sich bringt. So wird der Mensch am Ende eines langen Entwicklungsweges endlich bereit, das „Haus Gottes“ wirklich zu betreten, weil ihm nichts anderes mehr übrigbleibt. Er hat alles erfahren, was es zu erfahren gibt, er hat erkannt, daß die Erfüllung weltlicher Wünsche stets nur Enttäuschung und Langeweile mit sich bringt. Er hat auch den okkulten Weg beschritten und mit Magie versucht, sich die Kräfte der Natur dienstbar zu machen. Doch auch dieses befriedigte nicht die tiefe Sehnsucht in seinem Wesen.

So erkennt er, daß das, was ihn bisher davor abgehalten hat, Gott zu finden, die Angst des Begrenzten und begrenzenden Ichs vor dem absolut Neuen, der Unbegrenztheit, ist. Tritt er durch das Tor in seinem Inneren, läßt er alles zurück, was die alte Natur und die alte Welt mit ihren mannigfachen Strukturen ausmachte, und er tritt ein in die Sphäre der Selbstvergessenheit, die Sphäre der ewigen Glückseligkeit.

Inge Schneider

Shanghai

Ein lautes Klopfen an der alten morschen Holztür riß mich abrupt aus tiefem, traumlosem Schlaf.
„Sir, Ihr Badewasser", ertönte die heisere Raucherstimme des Hilfsmatrosen, die mir inzwischen wohlvertraut war. Mit starkem Akzent und großem Stolz hatte er mir mehrmals eindringlich erklärt, er stamme aus Santo Domingo. Auf den Tonfall seiner Stimme horchend, erriet ich jeweils seine Laune und auch, wie stark er sich am Vorabend betrunken hatte. Heute bebte seine Stimme seltsam erregt.
Ich streckte meine matten Glieder und horchte eine Weile auf den ungeduldigen Atem hinter der geschlossenen Türe. Mein erster Blick galt gewohnheitsmäßig dem vergilbten Kalender, der am Fußende meiner Koje an einem rostigen Nagel hing.
„Ihr Wasser", hüstelte der Matrose nochmals eindringlich und ungeduldig. „Ich komme schon, besänftigte ich ihn. Langsam und stöhnend erhob ich mich vom steinharten Lager und öffnete verschlafen die Türe.
Hastig trat er ein und stellte das verbeulte Blechbecken auf den niederen, am Boden angeschraubten Holztisch. Der feine Fischgeruch, der sich ins Holz eingeätzt hatte,

stach mir wie jeden Morgen in die Nase, als ich mich zum Becken neigte.
„Wir sind an unserem Ziel angelangt", ließ mich Manolo mit verheißungsvoll erregter Stimme wissen und verließ eilig meine Kajüte.
Endlich, mit einem tiefen Seufzer der Erleichterung, riß ich das letzte Blatt des Kalenders ab. Es war der 12. Februar. Zweimal heulte die Schiffssirene. Der durchdringend hohe Ton klang wie das Gähnen eines altersschwachen Meerungeheuers.
Oben auf Deck war die laute und strenge Stimme des Kapitäns zu hören; seine Befehle tönten kurz und scharf.
Eine mächtige Erschütterung durchlief den alten ächzenden, gequälten Rumpf. Lars, der bärenhafte Schwede mit dem roten Bart, hatte die Maschinen gedrosselt. Die meiste Zeit verbrachte er im Bauch des Schiffes, „in den Därmen", wie er seine Maschinen liebevoll nannte; sein ganzes Interesse galt nur ihnen.
Die sechsköpfige Mannschaft war wahrhaftig ein bunter Haufen rauher Kerle, die das Schicksalsspiel für diese lange Reise in eigenartiger Konstellation zusammengewürfelt hatte.
Der Schwede hatte mich einmal in seine Kajüte eingeladen, um mir Bilder aus seiner Heimat zu zeigen. Doch der eindringliche Gestank nach Schweiß und Rum hatte mich dazu gezwungen, mich bald wieder zu verabschieden. Halb benommen taumelte ich auf Deck und schnappte nach frischer Luft.
Das Wasser, das mir Manolo gebracht hatte, war eiskalt

und roch abgestanden. Ich betrachtete mich im kleinen gespaltenen Spiegel, der schräg über dem Becken an der Wand hing. Der Anblick erschreckte mich tief. Dunkle grüngelbe Ringe umrahmten meine eingefallenen Augen, und das abgemagerte Gesicht war mit grauen Bartstoppeln überwachsen.
Die Seekrankheit hatte sich wie lähmendes Gift in meinen Körper eingeschlichen und mich während der langen Überfahrt nicht mehr losgelassen. Das elende Gefühl hauste wie ein unüberwindliches Gespenst in meiner Magengegend.
Geschwächt und müde begann ich mit meiner Morgentoilette. Der Gedanke, bald dieses ewig schwankende Schiff verlassen zu können, versetzte mich in eine sonderbare Stimmung, die ich nicht zu deuten vermochte. Aaaah, dieses verdammte stumpfe Rasiermesser. Blut floß meine linke Wange hinunter und tropfte ins Waschwasser, das sich sofort rötlich färbte. Ungeduldig kramte ich ein Heftpflaster aus meiner Reisetasche und klebte es rasch auf den blutenden Schnitt. Ausgerechnet den Blutstiller hatte ich vergessen.
Mit großer Anstrengung zog ich den alten Korbkoffer, den ich von einem verstorbenen Onkel geerbt hatte, unter meinem Schlaflager hervor und öffnete die Schnallen der fest angezogenen Lederriemen.
Ein lautes Klopfen an der Tür riß mich aus meiner Gedankenwelt. Der Kapitän trat ein und sagte: „Ich bin gekommen, um mich bei Ihnen zu verabschieden. In einem Monat sehe ich Sie dann wieder für die Rückfahrt. Seien Sie pünktlich, um vier Uhr morgens heben wir

den Anker. Genießen Sie Shanghai, es ist eine interessante Stadt, und vergessen sie nicht, einen Arzt aufzusuchen." Mit diesen Worten drückte er mir die Hand und verließ in respektheischender Haltung den Raum.
Macintosh war Kapitän in der vierten Generation und stammte aus einer alteingesessenen schottischen Familie. Mehrmals hatte er mich in seine karg eingerichtete Kajüte zum Schachspielen eingeladen. Auf das kostbare Schachbrett war er besonders stolz, hatte er es doch von einem arabischen Sultan für einen Auftrag, den er für ihn erledigt hatte, geschenkt bekommen.
In einer Ecke stand eine alte lackierte Holztruhe, in der eine Kolonie Holzwürmer nistete, die ihr reges Leben verlieh. Auf der Kommode stand ein alter Sextant. Viele Male hatte er mir dieses Meßgerät auf Deck eingehend erklärt. Immer wieder war ich überwältigt vom Anblick des mit leuchtenden Sternen übersäten Nachthimmels. Die Unendlichkeit schien so nah, die Sterne fast greifbar. Das Erlebnis war derart stark und überwältigend, daß ich manchmal den Eindruck hatte, als ob sich der Planet Erde in ein Lichtschiff verwandelt hätte und wir lautlos durch das verzauberte Sternenmeer fuhren.
Für den Kapitän war es immer ein besonderes Erlebnis, wenn er mich von seinen eigenartigen Sternenkenntnissen überzeugen konnte. Er behauptete, den Nachthimmel so gut zu kennen, daß er mühelos die Weltenmeere ohne Kompaß und Sextant überqueren könnte. Mir war nie ganz klar, ob das nur Seemannsgarn war oder ob es der Wahrheit entsprach. Doch viele seiner Aussagen waren so tiefgründig, so logisch, klar und ver-

blüffend, daß ich annehmen mußte, daß dieser eigensinnige Schotte eine Art astronomischer Clairvoyance haben mußte.

Seine klare Übersicht und sein großes Verständnis für die höheren Zusammenhänge zeugten von seinem Hang zur Metaphysik. In diesen besonderen Stunden, wenn Aug und Stern zur Einheit verschmolzen, beobachtete ich ihn unauffällig und merkte dann, daß er in eine andere Welt entrückt schien.

Er war ein sonderbarer Mensch, genau das Gegenteil von seiner Mannschaft. Er trug stets dieselbe dunkelblaue, nach Teer riechende Uniform mit blank polierten Messingknöpfen. Sein weißgrau gestärktes Hemd mit Stehkragen war immer bis oben hin zugeknöpft. Die wässrigen blauen Augen und die markante fleischige rote Nase waren beredte Zeugen dafür, daß zwischen ihm und dem schottischen Whisky eine innige Freundschaft bestand, doch sichtlich betrunken hatte ich ihn nie gesehen. Seine kupferroten Haare und der große dichte Backenbart mit dem säuberlich rasierten Kinn hoben noch mehr die Kraft und Entschlossenheit, die in diesem Manne wohnten, hervor.

Der zunehmende Lärm auf dem Schiff und das Klingeln der Glocke auf dem Vorderdeck signalisierten, daß wir uns dem Anlegedock näherten. Mit großer Anstrengung öffnete ich die Luke. Die Doppelverglasung war schmutzig und trüb, so daß man nicht hinaussah, wenn die Luke geschlossen war.

Eine große Dschunke glitt lautlos vorbei. Das dreieckige pergamentfarbene Segel war von einer leichten Brise

gespannt. Einige kleine Kinder winkten mir lachend zu. Das braune Brackwasser roch nach Fisch und Maschinenöl. Beidseits der langen Hafeneinfahrt säumten riesige Lagerhallen mit ihren Docks den Strand. Es herrschte wenig Betrieb, nur der Lärm eines Krans, der Kisten aufeinanderstapelte, und verschiedene laute Rufe der Hafenarbeiter schrillten durch die Morgenstille. Ein mächtiger Ruck warf mich fast zu Boden – der Steuermann hatte das Schiff gewendet, um anzulegen. In der Ferne sah ich im Morgendunst riesenhafte, unförmige graue Steinhäuser auftauchen, die den vordersten Teil der Stadt bildeten. „Der Bund“, so hieß dieser Stadtteil von Shanghai.
Ketten rasselten. Das laute Geschrei der Schiffsmannschaft signalisierte ihre innere Spannung und Nervosität. Sie konnten es kaum erwarten, sich in den düsteren Hafenspelunken der vibrierenden Stadt auszutoben.
„Sir, ich hole noch rasch das Becken, falls Sie fertig sind“, sagte Manolo, der unbemerkt eingetreten war. Fragend schaute er mich an, und zu seiner Erleichterung nickte ich. Das Glühen in seinen Augen hatte etwas Fieberhaftes, Benommenes. Er konnte es kaum erwarten, dem nächsten Bordell einen Besuch abzustatten. Noch nie hatte ich ihn so hastig sich bewegen sehen.
Immer derselbe Gedanke ging mir durch den Kopf. Seit Tagen kroch er wie ein dumpfer Schatten in meinem Gehirn herum. Wird die Kontaktperson, die mich hier am Pier abholen sollte, auch wirklich hier sein, und wie wird sie mich erkennen? Das chinesische Wörterbuch

hielt ich für alle Fälle fest in der Hand. Ob die Person wohl wußte, daß wir drei Tage Verspätung hatten? Sehr bald würde sich mir auch diese Frage beantworten.
Ich zupfte an meinem braunen Anzug herum, der die ganze Zeit über sorgfältig zusammengelegt im Koffer auf seinen Einsatz gewartet hatte. Vergeblich versuchte ich das weiße Hemd glattzustreichen, es ließ sich nicht glätten.
Vorsichtig schritt ich den schmalen schwankenden Steg hinunter und hatte endlich wieder festen Boden unter den Füßen. Der Kapitän nickte mir noch einmal freundlich von der Kommandobrücke aus zu, als ich mit gemischten Gefühlen an dem langen rostigen Frachter entlangging.
Ein großes Schild mit einem Pfeil in chinesischer und englischer Schrift wies den Weg zu Zoll und Imigration.
„Wie lange bleiben Sie in China?" wollte der Beamte in einem skeptischen Ton wissen. Wie aus einem fernen Traumland erwachend, antwortete ich ihm: „Einen Monat."
Kurz danach stand ich draußen auf der Straße. Der Schock war total. Mir war, als hätte eine unsichtbare Hand eine Zange in mein Gehirn hineingeschraubt. Ich war plötzlich und unerwartet von einer großen geschäftigen Menschenmenge umgeben. Ich fühlte mich wie ein Wassertropfen in einem reißenden Strom, der mich innerlich zu zerreißen drohte. Mir wurde schwindlig, und einer Ohnmacht nahe mußte ich mich auf den Koffer setzen.
Viele Wochen hatte ich mit einigen wenigen Menschen

allein auf dem grenzenlos scheinenden Meer zugebracht, und nun saß ich plötzlich inmitten dieser brodelnden Menschenmenge und umgeben von unerträglichem Lärm. Die matte Schwäche in meinen Gliedern saugte mir den letzten Rest von Energie aus dem Leibe. Zwei ältere Männer blieben vor mir stehen und blinzelten mich neugierig und verwundert aus ihren Schlitzaugen an, als wäre ich ein Wesen von einem anderen Stern.

An diesem regnerischen Morgen hing eine trübe graue Wolkendecke über der Stadt. Tief in einen gedankenlosen Zustand versunken, hatte ich den eigentlichen Grund meines Aufenthalts in China vergessen.

„Mister Piters, Mister Piters", hörte ich eine fremde Stimme in mich eindringen. Mir war, als erwachte ich aus einem tiefen Schlund, in dem ich die ganze lange Reise gedämmert hatte, in einem Zustand der Anonymität, in dem sich scheinbar meine Identität aufgelöst hatte.

Ich richtete meine entzündeten, brennenden Augen in die Richtung, aus der ich die Stimme vernommen hatte. Ein kleiner alter ausgemergelter, barfüßiger Chinese stand vor mir und nickte mir eifrig zu.

Die dunkelblaue Jacke war abgeschossen und bis unter den Hals zugeknöpft. Unter seiner runden speckigen schwarzen Mütze baumelte ein sorgfältig geflochtener Zopf von seinem Hinterkopf.

„Follow me", forderte er mich auf und wies mich an, in der Rikscha, die neben ihm stand, Platz zu nehmen. Ergeben erhob ich mich und folgte seiner Einladung. Mit einem Schwung hievte er den schweren Koffer neben

mich in die Rikscha, grinste mich freundlich an und kratzte sich verlegen an seinem bartlosen Gesicht.
„Wohin fahren wir?" wollte ich von ihm wissen. Obwohl er mich nicht verstand, hatte er meine Frage erraten, und er antwortete: „Fandian, Fandian." Ich öffnete mein Wörterbuch. Angestrengt blätterte ich die Seiten um; da war es: „Fandian" hieß „Touristen-Hotel". Ich nickte ihm zu, aber er kam noch einmal zu mir, um mir den Koffer unter den Beinen durchzuschieben und mir mit einer Geste zu bedeuten, ich solle ihn festhalten.
Er stellte sich nun zwischen die beiden Bambusstangen und hob das Gefährt hoch, so daß ich in diesem wackeligen Fahrzeug leicht nach hinten gekippt zu sitzen kam. Mit einem kurzen Rückblick vergewisserte er sich noch einmal kurz, ob alles in Ordnung sei, und dann machte er sich schleunigst auf den Weg.
Bei allen unzähligen Rikscha-Fahrern, an denen er leichtfüßig vorbeihuschte, mußte er eine Bemerkung über seinen fremden Gast, den er am Pier abgeholt hatte, loswerden.
Geschickt führte er mich durch schmale, übelriechende Seitengassen, bis wir in den Zongshan, die breite Hauptstraße, die an dem Huanpu-Fluß entlangführte, einbogen. Geschmeidig lenkte der Fahrer seine Rikscha durch das unüberschaubare Chaos von Fahrrädern, Fußgängern, hoffnungslos überfüllten Bussen und vereinzelten schwarzen Limousinen, in denen sich die pomadierte Oberschicht herumchauffieren ließ.
Einmal mußten wir neben einer solchen Limousine mit europäischen Fahrgästen anhalten. Der chinesische

Fahrer steckte in einer steifen Uniform mit weißen Handschuhen. In seiner Zwangsjacke machte er einen leidenden Eindruck, doch seinem Gesichtsausdruck nach zu urteilen, war er sich seiner privilegierten Stellung bewußt. Rücksichtslos fuhr er in die Menge, die panikartig zur Seite sprang.
Es war noch frühmorgens und kalt, mich fröstelte. Eine Gruppe übernächtigter, stockbetrunkener Matrosen bahnte sich arrogant gröhlend einen Weg durch die dichte Menschenmenge. Auf der rechten Straßenseite zum Fluß hin befand sich die breite Fußgängerzone. Eine lange Allee kahler Laubbäume wartete geduldig auf den herannahenden Frühling.
Hunderte alter und junger Menschen vollbrachten hier gemeinsam ihre tägliche Morgengymnastik, Tai-Chi. Diese langsamen, klar definierten Bewegungen, die Ruhe und Harmonie ausdrückten, standen im krassen Gegensatz zur Hast der dahineilenden Masse.
Ich mußte unweigerlich an das Yin-Yang-Symbol denken. Lärm und Stille – in einer undefinierbaren Mitte hoben sich diese Gegensätze auf.
Nach längerer Fahrt bogen wir schließlich in die Nanjing-Road ein. Mein Atem stockte, ich rieb mir die Augen, um sicher zu sein, daß ich nicht einer Sinnestäuschung erlag. Nein, es war kein Traum. Ich hatte gedacht, daß die Straße, die wir soeben verlassen hatten, die am meisten belebte sei, doch nun sah ich, daß ich mich getäuscht hatte: Hunderttausende gingen hier gleichzeitig auf und ab.
Ein Bild aus meiner Jugend befreite sich plötzlich aus

den Gehirnwindungen: Ich erinnerte mich, wie ich zusammen mit einem Freund mit einem Stock in einem großen Ameisenhaufen herumgestochert hatte. Das Chaos, das dadurch entstand, dieses Gewimmel in alle Richtungen, hatte große Ähnlichkeit mit dem, was ich hier erlebte.

Einige Europäer stachen mit ihrer Körpergröße aus der Menge hervor, sie kamen mir vor wie Stecknadeln in einem riesigen pulsierenden Heuhaufen. Alle diese Eindrücke in ihrer Intensität konnten meine Sinne nicht verarbeiten. Ein dumpfer Druck begann sich im Inneren meines Kopfes auszubreiten.

Wie lange würde es wohl noch dauern, bis ich in einem Zimmer Zuflucht nehmen konnte, um mich innerlich zu erholen? Plötzlich fühlte ich ein starkes Zerren unter meinen Beinen. Ein fuchsgesichtiger Chinese versuchte verbissen, mir meinen Koffer zu entreißen. Trotz meiner heftigen Schläge auf seine Finger ließ er nicht von seiner Beute ab. Doch das heftige Handgemenge hatte die Aufmerksamkeit des Rikscha-Fahrers geweckt.

Blitzschnell drehte er sich um und schrie den Dieb an. Erschreckt ließ dieser den Koffer los und tauchte in der Menschenmenge unter wie ein Fisch im Wasser. Der Fahrer grinste mich an und ließ mich mit einer eindeutigen Handbewegung wissen, daß er mir doch geraten hatte, den Koffer festzuhalten.

Nach langer mühsamer Fahrt bog er in die Hubei-Lu-Straße und bald danach in eine kleine düstere Seitengasse ein. Ernsthaft fragte ich mich, wo mich wohl der Gastgeber einquartiert hatte.

Weißgraue Spruchbänder zogen sich hoch oben quer über die Gasse. All diese Tücher waren mit kalligraphischen Zeichen beschriftet, und der Boden war mit groben abgetretenen Pflastersteinen ausgelegt. Wir kamen an kleinen armseligen Läden vorbei. Es roch nach Fisch und nach einer Vielfalt duftender Gewürze, vermischt mit dem Gestank von Urin und Kot. Diese Geruchsmischung kroch meine Nase hoch und verursachte mir einen Brechreiz, den ich nur mit größter Mühe kontrollieren konnte.
Vor einem kleinen Geschäft saß ein Schuhmacher am Boden inmitten eines Haufens alter, nach Schweiß riechender Schuhe und goß sich soeben gemütlich aus einer kleinen Kanne einen dampfend heißen Jasmin-Tee ein. Er nickte dem Rikscha-Fahrer zu, und ich hatte den Eindruck, daß sich die beiden kannten.
In einem kleinen, an einem Haken aufgehängten Holzkäfig sang eine Nachtigall ihr wundersames Lied, das in dieser fast lichtlosen Gasse melancholisch anmutete.
Mehrere Träger mit leerem Gesichtsausdruck kamen in einer Kolonne barfuß an uns vorbei. An den langen Bambusstangen, die sie über den Schultern trugen, waren beidseits der Achseln große Körbe angebracht. Der federnde Gang und die nach unten gebogenen Stangen zeigten, daß sie schwere Lasten trugen. Einer dieser Körbe war gefüllt mit aufgeregt schnatternden Enten, die ihrem unausweichlichen Endziel, Markt und Bratpfanne, entgegengingen.
Mit einem unerwarteten Ruck blieb der Fahrer stehen und zeigte auf das Haus, vor dem wir standen: „Fan-

dian“, gab er mir zu verstehen. Er zeigte auf ein kleines Schild über der Türe, auf welchem stand: „Chefoo Guesthouse“. Es war alles andere als das, was ich mir auf meiner langen Reise vorgestellt hatte. Ein überernährter Chinese trat vor die Türe und bat mich mit einer Geste einzutreten.

Ein muffiger Geruch nach den alten Möbeln, die im kleinen Empfangsraum standen, und ein Spucknapf neben der Reception waren die ersten Eindrücke meines vorläufigen Zuhauses.

Ich bemühte mich, nicht in den Spucknapf zu schauen, denn das hätte meinem Magen wohl den Rest gegeben. „Welcome“, sagte der Wirt und öffnete feierlich das Gästebuch. Ich mußte lachen, denn die Seiten waren leer; ich war der einzige Gast. Er gab einen lauten Befehl, und aus einem Hinterzimmer, das nur durch einen Vorhang vom Empfang abgetrennt war, trat ein scheuer Knabe heraus. Er verbeugte sich kurz vor mir, schaute verunsichert auf den netten Chinesen, der noch dastand, und trug dann mühevoll meinen Koffer die alte steile, knarrende Holztreppe hoch.

Der Rikscha-Fahrer wartete ungeduldig auf seine Entlohnung, und als er das Geld in der Hand hielt, strahlte sein Gesicht wie die aufgehende Morgensonne. Er verbeugte sich mehrmals und bedankte sich mit „Xe Xe ni“ (sprich: sche sche ni), was soviel heißt wie „Danke“.

Der Hotelbesitzer las andächtig meinen Namen im Gästebuch, wies dann mit dem Zeigefinger auf seine Brust und gab mir zu verstehen, daß er Shie Kien heiße.

Er deutete auf seinen Bauch und fragte mich, ob ich

hungrig sei. Ich nickte und begann in meinem Wörterbuch zu blättern. Dann sagte ich stockend: „Fan, Mo Gu, Shu Cai", was „Reis, Pilze und Gemüse" bedeutete. Belustigt wiederholte er diese Worte, aber auch erleichtert darüber, daß Kommunikation zwischen uns möglich war. Dann wollte er von mir wissen, ob ich zusätzlich noch „She" essen wollte. Seite um Seite blätterte ich um und fand schließlich das Wort. Es hieß „Schlange". Entrüstet schüttelte ich den Kopf. Doch der Gastwirt konnte meine heftige Abneigung nicht verstehen.
Müde kletterte ich hinter ihm die Treppe hoch, die bei jedem Tritt vor Altersschwäche einen anderen ächzenden Ton von sich gab. Nachdem wir einen spärlich beleuchteten Korridor entlanggegangen waren, stand ich endlich vor dem lang ersehnten Zimmer. Auf abgeschabtem Teppich stand ein breites Bett an der Wand und auf der anderen Seite des Zimmers befanden sich zwei Stühle. Auf dem Tisch war eine Thermosflasche mit heißem Wasser vorbereitet, und daneben lagen mehrere Beutel Jasmin-Tee. Hinter einer Schiebewand entdeckte ich eine hölzerne Wanne und daneben ein Waschbecken. Der Spiegel, der darüberhing, brachte mich unwillkürlich zum Lachen. Die größte Fläche war blind, so daß ich mein Gesicht darin nur in kleinen Teilen sehen konnte.
Es pochte kurz an der Türe. Mister Shie Kien stellte feierlich das Essen auf den Tisch und zog sich sogleich wieder zurück. Das Essen schmeckte ausgezeichnet, aber mit den Stäbchen hatte ich meine Schwierigkeiten. Während des Essens beschäftigte mich der Gedan-

ke, wann mich wohl die Kontaktperson, die mich in die Loge des Goldenen Drachens einführen sollte, abholen würde. Ich zog das Schreiben aus der Tasche, um mich noch einmal zu vergewissern, daß dieser Brief tatsächlich den Zutritt zur Loge gewährleistete. Vielleicht wurde ich bereits heute abgeholt. Nach dem Essen setzte ich mich auf den Stuhl vor dem Fenster und las in einem Buch über die verschiedenen chinesischen Dynastien und die uralten Traditionen.

An einem taoistischen Satz blieb meine Aufmerksamkeit hängen: „Öffne das Geheimnis der Goldblume, sie ist das Licht, und das Licht ist des Himmels Tao."

Irgendwann mußte ich auf dem Stuhl eingeschlafen sein, denn ein lautes Klopfen an der Türe holte mich aus der anderen Welt zurück. Mein erster Gedanke war, es sei die Kontaktperson. Doch es war Mister Shie Kien, der das leere Geschirr abholte. Beim Eintreten hatte er das Licht eingeschaltet, denn inzwischen hatte sich sachte die Nacht über der Stadt ausgebreitet. Müde legte ich mich ins Bett und schlief sogleich wieder ein.

Das laute Geschrei der Kinder im Hinterhof weckte mich. Ich schaute auf die Uhr und mußte erschreckt feststellen, daß sie während der Nacht stehengeblieben war. Gott Chronos hatte mir ein Schnippchen geschlagen und mich vorübergehend in die Zeitlosigkeit verbannt. Nach meiner Morgentoilette ging ich nach unten, wo ich zu meiner Überraschung feststellen mußte, daß das Haus leer und die Türe abgeschlossen war. Ich war im Hotel eingeschlossen. Zum Fenster konnte ich nicht hinaus, denn davor gab es solide Gitterstäbe. Ich kam mir vor wie ein Gefangener. Ein ungutes Gefühl kroch in mir hoch. Wenn ausgerechnet jetzt die Kontaktperson kommen würde! Ich setzte mich im Empfangsraum auf das alte staubige Sofa. Bald darauf hörte ich, wie sich ein Schlüssel in der Türe drehte. Mister Shie Kien trat mit zwei großen Körben Gemüse herein. Vor lauter Schrecken, mich hier sitzen zu sehen, ließ er gleich einen der Körbe zu Boden fallen, so daß Kohlköpfe und Salate über den Boden rollten. Hastig versuchte er sich in aller Form zu entschuldigen. Allmählich begann er sich zu beruhigen, als er meine Ruhe bemerkte.

Mit großer Mühe gelang es mir, ihm verständlich zu machen, daß ich jemanden erwartete. Den ganzen Tag über blieb ich im Zimmer, las und schlief. Jeden Morgen der darauffolgenden Tage begab ich mich in den Empfangsraum, um Mister Kien zu fragen, ob jemand eine Nachricht hinterlassen hätte, doch immer schüttelte er verneinend den runden Kopf.

Die Tage schlichen träge dahin; die Ungewißheit zermürbte mich, obwohl mein gesundheitlicher Zustand sich zusehends verbessert hatte. Das Guesthouse hatte ich nie verlassen, aus Angst, den Kontaktmann zu verpassen.

Mir blieb nichts anderes übrig, als zu warten. Am Morgen des achten Tages klopfte es an die Zimmertüre, und ich sah, wie jemand einen Brief durch die Türritze ins Zimmer schob. Eiligst öffnete ich, doch niemand war zu sehen. Mit zitternden Händen schlitzte ich den Brief auf, der mit einem kleinen gelben Drachen versiegelt war.

Die Nachricht war sehr kurz: „Seien Sie morgen früh um acht Uhr im Hu Sing Tea-House.“
Ich eilte die Treppe hinunter und fragte Shie Kien, ob er mir den Brief gebracht oder den Kurier gesehen habe. Beides verneinte er heftig und erstaunt und ließ mich wissen, daß er den ganzen Morgen im Empfangsraum gearbeitet habe und mit Sicherheit niemand die Treppe hochgestiegen sei.
Wir standen beide vor einem unlösbaren Rätsel. Der Tag verging noch langsamer als die anderen, und in der folgenden Nacht konnte ich vor innerer Aufregung kaum einschlafen.

Die Loge des Goldenen Drachen

Am nächsten Morgen stand ich unten im Empfangsraum, als Shie Kien mit einem Rikscha-Fahrer hereinkam, den er draußen auf der Gasse für mich organisiert hatte. Dieser schritt schnurgerade auf den Spucknapf zu, benutzte ihn äußerst geräuschvoll und kam dann auf mich zu: „Hu Sing Ding?“ fragte er mich, und ich nickte ihm zu. Seine Kleider rochen penetrant nach Fisch, sicher war er gerade vom Fischmarkt gekommen.
Ich stieg ein, und der Rikscha-Fahrer setzte sich in Bewegung. Die Stadt war frühmorgens verstopft, alle eilten zu ihren Arbeitsplätzen.
Der Fahrer tapste hüpfend und springend durch die engen Gassen. Ein feiner eiskalter Regen schlug wie eine

Peitsche auf die Menschenmenge ein und trieb sie rücksichtslos voran. Durch den French-Distrikt gelangten wir endlich zum Chinesischen Garten. Mitten in einem großen Teich, der unzähligen großen Goldfischen als Heimat diente, stand das alte einzigartige Teehaus. Ein hölzerner Steg führte im Zick-Zack über den Teich zum runden zweistöckigen Gebäude.

Langsam ging ich über den sonderbaren Steg, von dem mir später erklärt wurde, daß der Grund seiner Bauweise darin liege, die bösen Geister abzuhalten, da man glaubte, daß diese nur geradeaus gehen konnten.

Im Inneren herrschte ein reger Betrieb, der in mir das Bild eines Bienenhauses weckte. Die unzähligen kleinen Ecken des Gebäudes aus altem verwittertem Holz bildeten im Inneren kleine Nischen, in welchen bereits besetzte Tische standen. Das farbige, spitze Dach bestand aus sechs gewölbten Teilen, die sich fächerartig nach unten ausbreiteten. Auf jeder hervorstehenden Dachspitze saß die Statue eines furchterregenden Dämons – sie alle waren die Beschützer des Hauses.

Da ich der einzige Europäer war, wurde ich mit kühlen, mißtrauischen Blicken begutachtet. Alle, die da saßen, trugen die gleichen dunkelblauen, bis nach oben hin zugeknöpften, Sacktuchjacken und am Hinterkopf baumelte bei allen der gleiche feingeknüpfte Zopf.

Das Teehaus war völlig überfüllt. Ich zwängte mich die schmale Holztreppe nach oben und fand in einer Nische direkt am Fenster noch einen freien Platz. Am nächsten Tisch saßen drei ältere Männer, die in eine rege Diskussion verwickelt waren. Einer von ihnen verbreitete einen penetranten Geruch nach Schweiß und Schweinefleisch.

Kaum hatte ich mich gesetzt, stand schon ein Mann mit einer kleinen Kanne Jasmintee und einer henkellosen Tasse vor mir und stellte beides auf den Tisch. „Ni Hao (guten Tag), sagte er kurz und entfernte sich eilig.

Durch das kleine Fenster beobachtete ich die vielen Menschen, die über den Steg dem Teehaus zueilten, denn inzwischen hatte ein starker Regen eingesetzt. Die schweren Tropfen klatschten in den Teich und vereinigten sich mit dem Wasser. Ab und zu sprang ein Goldfisch aus dem Wasser hoch, um nach einem Insekt zu schnappen.

Der heiße wohlriechende Tee floß wohltuend meine trockene Kehle hinunter. Sicher war bald acht Uhr, dachte ich.

Wie aus endlosem Raum erschienen, stand plötzlich ein Mann vor mir und sagte: „Sind sie Mister Piters?“ „Ja“, antwortete ich. Er streckte mir die Hand entgegen: „Ich bin Mister Wang“, ließ er mich wissen und setzte sich zu mir.

Mister Wang kam mir in dieser Umgebung wie ein Mensch aus einer anderen Welt vor. Sein kantiges, glattrasiertes Gesicht, die Schlitzaugen, aus denen Blitze der Kraft herausschossen, und der lange helle europäische Regenmantel mit dem dazupassenden breitrandigen Hut hüllten diesen Menschen in eine mysteriöse Aura. Er war auch der einzige hier anwesende Chinese, der keinen Zopf am Hinterkopf trug.

„Mister Piters, geben Sie mir das Losungswort“, forderte er mich auf.
„Das zweite Gesicht schaut das ewig strahlende Licht in der Seele“, antwortete ich leise, indem ich mich leicht nach vorne beugte.
Mister Wang nickte zufrieden und meinte: „Sie kennen das goldene Lebenselixier, das Geheimnis vom Diamantenen Leib. Willkommen in Shanghai.“ Zu meinem großen Erstaunen sprach er ein fehlerloses, fließendes Englisch.
„Entschuldigen Sie, daß wir Sie so lange haben warten lassen, aber ich bin erst kürzlich aus der inneren Mongolei zurückgekehrt“, sagte er. Dann fuhr er fast feierlich fort: „Die Zusammenkunft findet heute statt.“ Ich legte einen halben Yuan für den Tee auf den Tisch und verließ mit Mister Wang das Lokal. Obwohl ich ihn erst seit einigen kurzen Augenblicken kannte, war mir sein Wesen wohlvertraut, mir war, als kannten wir uns schon immer.
Der Regen hatte aufgehört, und Mister Wang fragte mich ob ich nichts dagegen hätte, den Weg zu Fuß zurückzulegen. Diese Idee war mir nach den langen Tagen des Wartens im Guesthouse sehr willkommen. Wir waren sicher zwei Stunden unterwegs, als Mister Wang eine fast menschenleere Sackgasse betrat. Am Ende der Gasse stand ein Haus, vor dem eine rote chinesische Lampe hing. Rechts und links der Treppe, die zur Eingangstüre führte, standen zwei Statuen. Die Löwenfratzen wirkten irgendwie bedrohlich auf mich.
Mister Wang klopfte mehrmals in einem bestimmten

Rhythmus an die Türe. Sofort war mir aufgefallen, daß diese sich nur von innen öffnen ließ. Er klopfte abermals, und dann ertönte ein kränkliches Hüsteln aus dem Inneren. Ein kleines altes ausgemergeltes Männlein mit entzündeten Augen grüßte Mister Wang ehrerbietig und warf mir einen kurzen fragenden Blick zu.

Wir gingen durch einen schmalen, kaum beleuchteten Gang, wo uns ein starker süßlicher, fremdartiger Geruch begrüßte. Am Ende des Ganges öffnete das kleine Männlein eine Türe, und wir betraten einen großen rauchgeschwängerten Raum. Ich traute meinen Augen nicht – war dies ein Traum?

Im spärlich beleuchteten Raum lagen spindeldürre Männer auf niederen Betten, die durch kleine Pergamentwände voneinander getrennt waren, und rauchten seitwärts liegend ihre Opiumpfeifen. Ihre schattenhaften und eingefallenen Gesichter zeugten von ihrer zehrenden Sucht. Das schummrige Licht und die schweren, fast stehenden Rauchwolken hüllten den Raum in eine gespenstische Atmosphäre. Einige schliefen und schwebten in versüßten Traumwelten.

Der Alte sah, daß mir schwindlig wurde, und er nahm mich bei der Hand. Schleunigst durchquerten wir den Raum, und an der Hinterseite des Zimmers, versteckt hinter einem Schrank, öffnete er eine andere Türe, und abermals betraten wir einen Gang, der von der Straße her nicht zugänglich war.

Am Ende des Ganges blieb das Männlein vor einer Türe stehen, kramte in seinen Hosentaschen und zog einen Schlüssel hervor, mit dem er öffnete. Mister Wang und

ich traten in einen kleinen geschlossenen Hinterhof, während der Alte hinter uns die Türe wieder sorgsam schloß. Auf der gegenüberliegenden Seite des kleinen Hofes befand sich eine andere Türe, auf welcher kunstvoll ein goldener Drache gemalt war. „Sie wissen, unsere Loge ist eine Geheimgesellschaft und für Unbefugte nicht zugänglich", flüsterte Mister Wang mir zu.
Er klopfte kurz, und sogleich öffnete sich die Türe. Ich erschrak heftig ob dem Anblick, der sich mir bot: eine zauberhaft schöne Chinesin begrüßte uns mit „Ni Hao". Ihr Körper war in ein dunkelgelbes langes Seidenkleid gehüllt, und die glänzenden pechschwarzen Haare fielen locker über ihre Schultern, was ihre zart leuchtenden Gesichtszüge noch mehr zur Geltung brachte.
„Sie ist ein Mitglied der Loge", erklärte Mister Wang, der meine Bewunderung für dieses ungewöhnliche Geschöpf sogleich bemerkt hatte. Wir betraten einen geräumigen, geschmackvoll eingerichteten Raum, der auch als Garderobe diente. „Ich heiße May Lin, seien Sie willkommen", sagte sie leise zu mir. Nachdem wir unsere Mäntel und Hüte abgelegt hatten, machte mich May Lin darauf aufmerksam, daß ich auch die Schuhe ausziehen müsse.
Mister Wang bot mir einen der Sessel an, da er mir noch die Gesetze der Loge erklären mußte. May Lin holte uns Tee und gesellte sich dann zu uns.
„Mister Piters, solange die Loge besteht, und das sind schon einige Jahrhunderte, wurde im Inneren des Raumes nie ein Wort gesprochen. Nie hat jemand diesen Raum betreten, der nicht das Geheimnis des Diamante-

nen Leibes kennt. Unser geliebter Meister kommt nur alle neun Jahre für einige kurze Momente in die Loge, und das wird auch heute der Fall sein. Durch seine Anweisungen wurden heute zum ersten Mal ausländische Gäste in die Loge eingeladen. Er hat uns die Namen der Gäste gegeben und erklärte uns, daß neue Konstellationen für die kommende Zeit unerläßlich seien, wenn das große Werk weltweit die goldene Frucht hervorbringen soll.

Alle anwesenden Gäste sind langjährige Mitglieder transfiguristischer Logen und damit ein Teil des leuchtenden Sterns. Die anderen Gäste stammen aus Japan, Indien und Persien. Sie sind der einzige Europäer."

Bereits hier im Vorraum herrschte eine große glasklare Stille, die mir den Eindruck vermittelte, dieses Gebäude sei eine Arche aus einer fernen lichten Welt. Ich fühlte mich erhoben und geläutert. Alle vorhergehenden Eindrücke waren aus meinem Wesen wie weggewischt.

May Lin öffnete die Türe, hinter der sich sogleich noch eine zweite dicke Türe befand, auf der das Emblem der Loge gemalt war. Geräuschlos öffnete und schloß sich die Türe hinter uns. Sieben kleine chinesisch bemalte Pergamentlampen, die an den Wänden angebracht waren, erhellten dezent den großen Raum. Auf einem kostbaren Teppich saßen die Mitglieder und die Gäste auf breiten bequemen hellblauen Kissen in einem dreifachen Halbkreis meditativ mit verschränkten Beinen am Boden. Vor uns waren noch drei Kissen frei, und wir setzten uns unmittelbar auf diese.

Vorne in der Mitte lag auf einem niederen Podest ein

großes goldgesticktes Kissen. Sofort wußte ich, daß dies der Platz des Meisters war. Eine große zeitlose Kraft erfüllte den Raum: allgegenwärtiger Friede, unendliche Stille, verinnerlichte unpersönliche Liebe, Vollendetes in Tao.
Ein feines Rauschen, wie das Rascheln des Windes, wenn er sachte die Blätter eines Baumes liebkost, war hörbar. Im nächsten Augenblick saß der Meister auf dem goldenen Kissen. Aus dem Nichts war er erschienen, aus dem göttlichen Universum, dem unbegrenzten Zustand mit den unbegrenzten Möglichkeiten. Ich wußte sogleich, daß er einen sehr hohen Verwirklichungsgrad erreicht hatte.
Er war in ein schlichtes helles Gewand gekleidet. Sein Gesicht war ausgeglichen und ruhig, nur sein lichtes schneeweißes Haar, die buschigen Augenbrauen und der dünne lange Bart zeugten davon, daß dieser Körper einmal einen Alterungsprozeß durchlaufen hatte.
Ein überirdischer Glanz umgab seine ganze Gestalt, und eine stark konzentrierte alles durchdringende Lichtkraft ging von ihm aus.
Dieser Meister hatte Leben und Tod, Zeit und Raum überwunden und lebte in der Lichtwelt, in Tao.
Plötzlich vernahm ich seine sanften Worte im Inneren meines Kopfes, kein Wort kam dabei über seine Lippen, die Stille des Raumes war unantastbar.
Ich vernahm: „Solange das Herz nicht die höchste Ruhe erreicht hat, kann es sich nicht bewegen. Das Herz, das kein Ding registriert, ist rein. Das Herz, das kein Ding festhält, ist leer. Solange Leere als Leere beobachtet

wird, ist Leere noch nicht Leere. Nur die Leere, die sich selbst vergißt, heißt wahre Leere, Gegenstände sind äußere Dinge, und die Welt ist ihr Behälter. Mit Tao haben sie nichts zu tun, wer sie verfolgt hält bloße Dinge für das eigene Selbst.
Der Weise erfährt Fernstes, ohne zu wandern, er erkennt, ohne zu kennen, und er vollendet, ohne zu handeln.
Ihr Anwesenden kennt das Geheimnis vom goldenen Lebenselixier, den Weg, um dem Geborenwerden und dem Sterben zu entrinnen. Verstärkt eure Arbeit in der gefallenen Welt und bringt sie zu einem guten Ende. Verliert euch nicht aus dem Gesichtskreis. Das goldene Band muß rein durch alle Zeiten erhalten bleiben, für die Seelen, die noch in Umnachtung gehüllt sind. So erfährt Schwaches Stärkung, Leere erhält Inhalt, das Teil wird zum Ganzen, der Erwachte bestätigt es."
Jeder einzelne bekam noch nähere Anweisungen für die Zukunft, die hier aber nicht erwähnt werden können.
Wiederum ertönte das feine Rauschen, der Meister hatte sich aus dem Kreis entfernt. Er benutzte seinen Körper als einen Bildträger, mit dem er in Zeit und Raum erschien, um das Gesetz zu erfüllen, aber mit dieser zeiträumlichen Welt war er in keiner Art und Weise mehr verstrickt.
Das Lichtfeld des Meisters erfüllte immer noch den Raum, alle blieben noch lange in diesem hohen Schwingungszustand sitzen. Wie von einem inneren Impuls getrieben, standen dann alle auf und verließen

die Loge, auch May Lin. Mister Wang und ich saßen noch eine Weile still da.
Nach langem Warten verließen auch wir den Raum und begaben uns in die Garderobe. Ich wollte gerade meinen Mantel anziehen, als Mister Wang mich sachte beim Arm nahm. „Kommen Sie“, forderte er mich freundlich auf und führte mich in ein kleines Nebenzimmer, das ebenfalls dezent mit chinesischen Lampen beleuchtet war.
An einer Seite des Raumes stand ein großer Spiegel. Die Umrandungen bestanden aus zwei aus Edelholz geschnitzten Drachen, die oben ihre Köpfe seltsam umschlungen hielten. Etwas sonderbar Fremdes ging von diesem Spiegel aus.
Auf einem Gestell, das die Form eines goldenen, fünfeckigen Sterns hatte, lag ein mit einem weißen Tuch bedeckter Sarg. Sogleich entfernte Mister Wang das Tuch, und zu meinem Erstaunen stellte ich fest, daß er aus purem Gold war. „Dies ist das Grab des Meisters, öffnen Sie es“, forderte er mich auf.
Mit gemischten Gefühlen hob ich behutsam den Deckel und schaute gespannt hinein. Zu meinem großen Erstaunen lag da aber keine Leiche, sondern ein großes funkelndes goldenes Schwert.
„Lassen Sie den Deckel offen; verstehen Sie das Mysterium?“ fragte er mich. Dann fuhr er fort: „Kommen Sie, es gibt noch etwas anderes, das Sie sich ansehen müssen.“
Wir standen unmittelbar neben dem Spiegel, und er sprach: „Stellen Sie sich vor den Spiegel und schauen

Sie hinein." Ohne zu zögern, folgte ich seinen Anweisungen.
Ich erschrak, denn statt mein bekanntes Spiegelbild zu sehen, spürte ich einen unwiderstehlichen Sog; der Spiegel zog mich in sich hinein. Ich schritt durch ein Lichttor und fiel sogleich in eine nebelhafte Vergangenheit.
Krampfhaft versuchte ich, die Gestalt und die Worte Mister Wangs in meiner Erinnerung festzuhalten, doch es fiel mir immer schwerer. Alles schien zu verblassen und sich vollständig aufzulösen. Gleichzeitig hörte ich aus einer unsichtbaren Ferne eine mächtige Stimme in einer mir völlig fremden Sprache. Verschwommen erschien vor mir das Bild eines Ortes, und die fremde Sprache wurde mir immer vertrauter. Für einige Augenblicke hatte ich das Gefühl, als stünde ich zwischen zwei Welten.
Wie ein Blitz flog der Name „Mister Wang" durch mein Gehirn, doch mir fehlte jegliche Assoziation dazu.
Die vergangene Welt wurde immer mehr zur Gegenwart und nahm mich völlig in Besitz. Ich hatte den Trank des Vergessens getrunken und war in einen früheren Körper geschlüpft.

Erwachen in der alten Welt

Schon von weitem sah ich den großen prächtigen Tempel, der von der sanften Morgensonne überflutet wurde. Langsam schritt ich die mir wohlvertraute Straße hin-

unter. Sie war beidseits von großzügig gebauten weißgetünchten Häusern gesäumt. Deren Dächer waren mit getrockneten Schlammziegeln bedeckt, Türen und Fensterumrandungen kunstvoll mit bunten Mosaiksteinen verziert.
Am Ufer des Nil wuschen wie jeden Morgen die farbigen Sklavinnen, die aus fernen Ländern stammten, die Kleider der vornehmen Gesellschaft der Stadt. Händler mit ihren unruhigen gierigen Blicken und einige bekannte Kaufleute mit ihren Dienern, die schwere Lasten von den Schiffen geholt hatten, gingen an mir vorbei und grüßten mich. Einen Teil der Güter holten sie aus Heliopolis, und andere brachten sie aus dem Fernen Orient.
Stolze Krieger in voller Montur, mit Pfeil und Bogen und schweren Speeren, schritten die Straße hinunter. Vornehm gekleidete Beamte mit ihren schönen Frauen, die mit breiten goldenen Arm- und Fußreifen und erlesenem Hals- und Ohrschmuck geschmückt waren, ließen sich von ihren Dienern in großen bequemen überdachten Sänften tragen. Der Duft nach kostbaren Ölen, mit welchen die Frauen ihre Körper einrieben, verbreitete sich in der Luft.
Angehende Priester in ihrem schlichten Gewand eilten dem Tempel zu, der auch mein Ziel war.
Bald schritt ich in Gedanken versunken durch den lichtdurchfluteten Tempelvorhof und betrat das große Tempelhauptgebäude. Zwei hünenhafte Wächter mit verschlossenen Gesichtern bewachten diesen Teil des Tempels, der nur Eingeweihten zugänglich war.

Ihre langen Speere verliehen ihrer Aufgabe Nachdruck.
Sie kannten mich bestens und ließen mich, ohne auch nur eine Miene zu verziehen, passieren. Durch luftige Säulengänge näherte ich mich dem innersten Heiligtum. Ich hatte meine Schuhe ausgezogen und spürte genußvoll den kühlen Alabaster unter meinen Füßen, mit dem der Boden hier ausgelegt war.
Vor dem inneren Heiligtum stand noch einmal ein Wächter vor dem großen Portal. Er begrüßte mich freundlich und öffnete sogleich das Tor. Langsam ging ich durch den großen viereckigen hellen Raum, an dessen anderem Ende der Gott-König, der Pharao, und seine Gemahlin auf zwei aus edlem Holz geschnitzten Stühlen saßen. Ehrfurchtsvoll verbeugte ich mich vor ihnen und grüßte auch die beiden Hohepriester, die vor ihnen saßen. Mit einer leichten Handbewegung bat mich der Pharao, mich neben ihn zu setzen.
Er trug ein langes Lendentuch, das mit goldenen und schwarzen Spiralen verziert war. Aufrecht saß er da und schaute mich mit großer Ruhe an. Sein helles Hemd aus erlesensten Stoffen hatte fast die Farbe des makellos weißen Gesichts seiner Gemahlin.
Auf seinem Haupt trug er einen hohen, länglich abgerundeten, bläulichschimmernden Helm, der wie eine Fortsetzung seines schmalen, markanten Gesichtes wirkte. An der Vorderseite dieses eigentümlichen Helmes, unmittelbar über dem dritten Auge, ragte die nach oben gebogene goldene Uräusschlange, Symbol unbegrenzter göttlicher Macht, empor.

Immer von neuem staunte ich, wenn ich ihn sah, denn er strahlte etwas Unerklärliches, Überirdisches aus.
Seine Gemahlin hatte dieselbe überirdische Ausstrahlung. Sie war in ein langes kostbares Gewand gekleidet; ihre weichen klaren Augen zeugten von grenzenloser Weisheit und Güte.
Hinter ihren Stühlen wurde an der Wand eine kunstvoll aus Stein gemeißelte Sonne sichtbar, von der dreizehn Strahlen ausgingen. Das ganze Relief war mit purem Gold ausgelegt. Es war das mächtige göttliche Symbol des ewigen, unvergänglichen Lichtspenders.
Meinem hellsichtigen Auge sichtbar war das goldene feinstoffliche Stirnband des Gottkönigs, das auf seine außerordentlich großen magischen Kenntnisse hindeutete; seine unbegrenzte Allgegenwart war offensichtlich. Aus seiner makellosen Seele floß unaufhörlich ein leuchtender mächtiger Lichtstrom. Er war im Laufe vieler Einweihungen in einen übermenschlichen Zustand eingetreten. Doch einer Schar von Priestern mißfiel dies sehr, denn ihnen war viel daran gelegen, ihren Status dazu zu mißbrauchen, irdische Ziele zu verwirklichen. So gab es in verschiedenen Tempeln Verschwörungen, und man versuchte, immer mehr Menschen durch falsche Versprechungen zu mobilisieren, um sich gegen den Pharao zu wenden.
Ich hatte das Gefühl, daß der Grund, weshalb er mich hatte rufen lassen, mit diesen Unruhen zusammenhing, und sogleich bekam ich die Bestätigung. Der Pharao sagte mit ruhiger, fester Stimme zu mir: „Juba, ich habe einen Auftrag für dich. Fahre nach Luxor und schaue

dich im Tempel von Karnak um. Finde heraus, ob sich auch dort die Priester gegen mich gewandt haben. Dieser Auftrag ist geheim, niemand weiß davon. Laß mich baldmöglichst wissen, woran wir sind. Du solltest sogleich aufbrechen, und ich werde veranlassen, daß du das königliche Schiff benutzen kannst. Zwei Priester werden dich begleiten, sie wissen aber nichts von deiner Mission. Sie werden nur den Tempel besuchen, so wird dein Erscheinen nicht zu großes Aufsehen erregen. Die Sänften stehen schon bereit; ich habe auch bereits einen Boten zu deiner Gemahlin gesandt, mit der Bitte um Verständnis, daß du sogleich abreisen mußt. Du kannst noch eine Nachricht schreiben, ich werde dafür sorgen, daß sie ihr sogleich zugestellt wird."
Der Gott-König hatte bereits für alles gesorgt, es war mir eine Freude und Ehre, diesen Auftrag für ihn auszuführen. Tief verbeugte ich mich vor ihm und seiner Gemahlin und verließ den Tempel.
Die königlichen Diener standen schon mit den kostbaren Sänften bereit. In den beiden anderen saßen bereits die Priester, die mich freundlich begrüßten. Ich hatte sie schon des öfteren im Tempel gesehen, denn sie waren Schüler der beiden Oberpriester.
Geschickt trugen uns die Diener durch die belebten Straßen der Souks, wo lautstark gehandelt und gefeilscht wurde, unserem Bestimmungsort entgegen. Alle Bewohner der Stadt wichen zur Seite, sobald sie der königlichen Sänfte ansichtig wurden, und so konnten wir bald ungehindert die Stadt verlassen.
Ein warmer Wüstenwind säuselte spielerisch durch den

Sand. Obwohl die Sonne bereits sehr hoch stand, war es nicht übermäßig heiß, denn die Tage der großen Hitze hatten noch nicht begonnen.
Bald standen wir vor dem langen hohen Papyrusschiff, in dessen vorderem Teil, der leicht tiefer lag, zwanzig farbige Diener mit den Rudern in der Hand saßen und auf Anweisungen warteten. Der hintere Teil des Schiffes bestand aus zwei großen erhöhten Plattformen, die beide mit kostbaren Baldachinen überdacht waren. Auf den dicken edlen Teppichen standen Stühle und ein Tisch aus dunklem Holz. Auf der anderen Seite des Decks lagen große, farbig bestickte Kissen und mehrere aufgerollte Decken.
Eine mandeläugige Dienerin empfing uns mit mildem Lautenspiel, und der Parfümierer versprühte wohlriechende Essenzen. Kaum hatten wir uns gesetzt, eilten drei Dienerinnen herbei, um uns die Füße zu waschen und zu salben.
Einer der Priester gab dem Aufseher das Zeichen zur Abfahrt, und mit sanftem Ruck setzte sich das große Schiff in Bewegung. In goldenen Schalen wurden uns frisches Trinkwasser und soeben gepflückte süße Datteln gereicht.
Der königliche Bootsvorsteher kam zu uns, verbeugte sich und ließ uns wissen, daß sie die ganze Nacht hindurchrudern würden, um am nächsten Abend in Luxor zu sein.
Fächerer standen einige Schritte hinter uns und verschafften uns eine gleichmäßige Kühlung. Lautlos glitt das Boot den breiten Fluß hinauf, einzig das gleich-

mäßig klatschende Geräusch der ins Wasser eintauchenden Ruder war zu vernehmen.
Zwei kleinere Papyrusboote, die reichen Kaufleuten gehörten, kreuzten unser Schiff. Der wohlhabende Inhaber stand auf und grüßte uns ehrerbietig, wie es Pflicht war, wenn königliche Schiffe unterwegs waren.
Die glühende Sonne zog sanft ihre letzten goldenen Strahlen aus dem Nilland zurück und verzauberte liebkosend, mit immer länger werdenden Schatten, die angrenzenden hohen Sanddünen. Einer der Priester gab den Fächerern zu verstehen, daß sie ihre Tätigkeit einstellen konnten, und der Bootsvorsteher ordnete an, die Fakeln anzuzünden.
Die lauwarme Abenddämmerung veranlaßte die Priester zum Gespräch, denn seit unserer Abfahrt hatten wir noch kein Wort gesprochen. In den Einweihungen, die sie bereits durchlaufen hatten, hatten sie gelernt, keine unnötige Energie in oberflächlichen Gesprächen zu vergeuden, und nun war diese Tugend zu ihrer Natur geworden. Auch ich hatte diese Einweihungen durchlaufen und wußte die Verschwiegenheit und Integrität der Priester zu schätzen. Es war das erste Mal, daß sie den Tempel von Karnak besuchten. Sie würden dort in der Tempelschule Unterkunft erhalten.
„Juba“, fragte mich der jüngere Priester, „du warst sicher schon mehrmals in Karnak und kennst die Oberpriester. Sage mir, erhalten die Priester dort dieselben Einweihungen wie bei uns?“
„Diese Frage kann ich dir nicht beantworten, denn darüber habe ich mit den Hohepriestern noch nie gespro-

chen, aber sicher sind die Einweihungen den unseren ähnlich, denn die Gesetze sind überall dieselben", antwortete ich.
„Wirst du mit uns im Tempel wohnen?" wollte der Priester wissen. „Der Bruder meiner Gemahlin hat einen großen Landsitz in der Nähe des Tempels; wann immer ich in Luxor weile, wohne ich bei ihnen", erklärte ich.
Die Priester legten sich in die vorbereiteten Betten und wickelten sich in die kostbaren Decken ein. Alleingelassen saß ich gedankenverloren da und beobachtete, wie sich das fahle silbrige Mondlicht im still dahinziehenden Wasser widerspiegelte. Ich schaute hoch zum tiefblauen Himmelsgewölbe und bestaunte den grenzenlosen Raum, die Myriaden von silbrigglänzenden Lichtern, die wie kostbare Perlen ihr feines Licht ausstrahlten.
Spät in der Nacht legte auch ich mich hin und dachte an die Worte des Gott-Königs. Irgendwann floß ich übergangslos in die Traumwelt hinüber.
Kaum hatte ich die Schwelle überschritten, stand der Gott-König in mächtigem Strahlenglanz vor mir und sprach zu mir: „Juba, deine Tage in der Erscheinungswelt gehen dem Ende zu. Sei getrost, das strahlende Licht deiner Seele ist unvergänglich, ewig und jenseits von Tag und Leben. Löse den Rest deiner alten Gewänder auf und trete ein in den erhabenen Orden Melki-Sedek, in die Bruderschaft der Zweimalgeborenen, der Hüter des goldenen Bandes."
Sanft wurde ich von den ersten Sonnenstrahlen und dem Geruch des frischen Wassers geweckt. Sogleich wußte ich meinem Zustand entsprechend, daß die Er-

scheinung des Gott-Königs kein Traumbild gewesen war. Mit geschlossenen Augen dachte ich über seine Worte nach, die mich darauf hinwiesen, daß verborgene Teile meines Wesens immer noch mit der magnetischen Welt dieses Universums verstrickt waren, was zur Folge hatte, daß die Schicksalskräfte immer noch Macht über mich ausüben konnten.

Kaum war ich aufgestanden und hatte mich auf einen der Stühle gesetzt, erwachten auch die beiden Priester und gesellten sich zu mir. Eine anmutige Dienerin spielte eine sanfte Morgenmelodie auf einem Saiteninstrument und sang leise ein Loblied an die aufgehende Sonne, die das Nilland jeden Morgen mit ihrer Anwesenheit beglückte und befruchtete.

Bald saßen wir vor einem schmackhaften Frühstück. An den Ufern lagen noch die Schatten der Nacht, die Welt war dort noch nicht erwacht.

Armselig gekleidete Bauern tränkten ihre mageren Ochsen, und nebenan wuschen die Frauen ihre Kleider im seichten Wasser. Eine der Frauen schrubbte ihren kleinen Sohn, der heftig schreiend um sich schlug.

Auf dem gegenüberliegenden Ufer lagen mehrere große Krokodile regungslos da und starrten unbeirrt zu ihrer möglichen Beute hinüber, bereit, sogleich die Sandbank zu verlassen. Doch der Bauer achtete gut auf die Ochsen und ließ die Krokodile nicht aus den Augen.

Ich rief den Bootsvorsteher und ordnete an, daß den Ruderern eine Pause zu gönnen sei, denn sie hatten die ganze Nacht unermüdlich gearbeitet. Bald fand der Vorsteher einen geeigneten Ort, wo er behutsam und

gekonnt das Schiff ans Ufer manövrieren ließ. Dort sprangen mehrere Ruderer ins Wasser, um es vorübergehend an mehreren Dattelpalmen zu befestigen.
Ich war der einzige, der das Schiff verließ, um an Land zu gehen. Ich wollte die Nachtschatten, die noch in meinen Gliedern steckten, von mir abschütteln. In Gedanken versunken schritt ich am Ufer entlang um ein paar hohe Büsche herum. Plötzlich sprang unerwartet aus einem der Büsche ein Straßenräuber hervor und bedrohte mich mit einem großen blitzenden Krummmesser.
Der schmutzig verknitterte Turban des Mannes und seine trüben blutunterlaufenen Augen verrieten augenblicklich seine Herkunft. Er hatte sogleich gesehen, daß ich unbewaffnet war und holte zum tödlichen Schlag aus. Meiner edlen Bekleidung nach hatte er geurteilt, daß ich ein reicher Kaufmann sein mußte und erwartete fette Beute. Doch dieses Versehen war sein Pech. In dem Augenblick, wo er zum Schlag ausholen wollte, entzog ich seinem verwirrten Gehirn jeglichen Gedanken an Tat und Motiv, was zur Folge hatte, daß sein Arm in drohender Gebärde in der Luft stehen blieb.
Er wußte weder ein noch aus und verstand die Welt nicht mehr. Dann wurde er totenblaß und bat mich mit weinerlicher Stimme um Vergebung. Ich ließ ihn verstehen, daß sich der Bann, der seinen Arm blockiere, erst lösen würde, wenn er sich zu einem neuen Lebenswandel entschloß. Als er verstand, daß ich ihm nicht nach dem Leben trachtete, drehte er sich um und ergriff panikartig die Flucht.

Auf dem Schiff hatten sie den Zwischenfall nicht bemerkt, und es gab für mich auch keinen Grund, etwas davon zu erzählen. Die Besatzung hatte sich in der Zwischenzeit verpflegt und ausgeruht, und bald konnten wir unsere Reise fortsetzen.

Die Tageshitze breitete sich nun unbarmherzig über das Stromland aus. Die Fächerer verrichteten ihre Arbeit, und der Parfümierer legte einen besonders dezenten Duftteppich aus, um den Schweißgeruch der Ruderer zu neutralisieren.

Eine Dienerin stellte uns die Mahlzeit auf den Tisch und zog sich sogleich wie eine scheue Gazelle zurück. Träge zog sich der Tag dahin. Am östlichen Ufer des Stromes bewegte sich langsam eine Kamelkarawane vorwärts. Die Tiere waren so schwer beladen, daß die Treiber neben ihnen zu Fuß hergehen mußten.

Wie ein grünes fruchtbares Band zog sich die wuchernde Vegetation beidseits des Stromes dahin. Aber unmittelbar hinter diesem schmalen Grüngürtel begann die endlose unfruchtbare Wüste. Der Strom war das Leben des Landes, die pulsierende Schlagader.

Die Felder waren reif zur Ernte, die Palmen hingen voller Nüsse und Datteln. Die kleinen Segelboote bewegten sich fast gewichtslos über das ruhig dahinziehende Wasser.

Den ganzen Tag waren wir unterwegs, bis endlich die Sonne am westlichen Horizont unterging. Die ersehnte Abkühlung breitete sich wie ein zarter, allesdurchdringender Atemhauch über das Land aus. „Wir haben bald unser Ziel erreicht“, ließ uns der Vorsteher wissen, doch

als wir in Luxor anlegten, hatte sich die Nacht bereits wie ein dunkles Kleid über das Land gelegt.
Die Priester verabschiedeten sich und gingen sogleich zu Fuß in den Tempel. Ich erkannte einen Angestellten meines Gastgebers und beauftragte ihn, meine Ankunft zu melden.
Mehrere Diener hievten eine Sänfte vom Schiff, und meinen Anweisungen gehorchend, trugen sie mich durch die bevölkerten Gassen aus der Stadt. Nur wenige hatten bemerkt, daß es sich um eine königliche Sänfte handelte, was mir sehr gelegen kam.
Nach langem Gehen bogen wir in einen schmalen Feldweg ein, der durch ein hohes Zuckerrohrfeld führte. Endlich standen wir auf dem großen Platz vor dem prächtigen Haus. Der Gastgeber mit seiner zartgliedrigen Gemahlin und eine große Dienerschaft empfingen uns.
„Willkommen, Juba, es ist lange her, seitdem du uns mit deiner Anwesenheit beehrt hast", sagte er erfreut, und die Gemahlin hauchte freundlich: „Willkommen in unserem Haus, wie ich sehe, Juba, kommst du diesmal ohne meine geliebte Schwester." Wie immer saß ihr Leopard stolz und aufrecht mit weit geöffneten Nüstern zu ihren Füßen, jeder Muskel angespannt, auf ihre Befehle wartend. Er war ihr ständiger Begleiter, niemand außer ihr konnte ihn berühren.
„Leider war es mir dieses Mal nicht möglich, sie mitzunehmen", tröstete ich sie.
„Du mußt hungrig sein, komm, laß uns ins Haus gehen, ich werde dir die Gemächer zeigen. Seit dem letzten

Mal, als du hier warst, haben wir einiges verändert." Ihre Art, sich zu bewegen, hatte etwas katzenhaft Bezauberndes.

Der Gastgeber gab den Dienern Befehle und entschuldigte sich dann, weil er noch Arbeiten zu erledigen hatte, doch er versicherte mir, daß er mich beim Essen wiedersehen würde. Die Gastgeberin führte mich durch den großen feudalen Wohnsitz und genoß es sichtlich, mir die geschmackvoll eingerichteten Räume zu zeigen. Wir gingen durch ein Vorzimmer in den großen, von Säulen getragenen Speisesaal, wo der große Familientisch stand.

Die Böden waren mit farbigen, kunstvoll aus Pflanzenfasern geknüpften Teppichen belegt und die Wände mit verschiedenen Tiermotiven bemalt. Die Ecken der Zimmer waren mit leuchtenden Goldbändern geschmückt. Sie führte mich in den Raum, in dem ich immer wohnte, wenn ich zu Gast war. Sie wies mich auf das neue komfortable Bett hin, den neuen Tisch und die Stühle aus erlesenem Edelholz. Auf dem Tisch stand eine silberne Schale mit Früchten aus dem Garten und ein Krug mit frischem Wasser. Die Rollmatten vor dem Fenster waren zum Schutz vor Hitze und Insekten heruntergelassen.

„Sicher möchtest du baden, wir warten im Eßsaal, bis du fertig bist." Sie rief zwei Dienerinnen herbei, um das Bad vorzubereiten und ordnete an, welche Öle und Gewänder sie für mich bereitlegen sollten. Dann zog sie sich zurück.

Nachdem wir üppig gespeist und alle Bediensteten den

Speisesaal verlassen hatten, fragte mich der Gastgeber: „Juba, du machst einen sehr nachdenklichen Eindruck, und es ist das erste Mal, daß du ohne Gemahlin gekommen bist. Hat es mit den Verschwörungsgerüchten in den Tempeln zu tun? Man sagt, daß der Gott-König den Karnak-Tempel schließen wolle?"
Seine Frage kam so direkt, daß ich ihr nicht ausweichen konnte. Er war ein Ehrenmann und verschwiegen, ich wußte, daß ich mich ihm anvertrauen durfte.
„Du hast es erkannt, ich habe den Auftrag, mich genauestens über die jetzige Situation zu informieren. Morgen werde ich den Tempel besuchen", antwortete ich ihm.
Die Gemahlin erklärte: „Wir haben erst kürzlich von einem Freund vernommen, daß sich im Tempel mehrere äußerst korrupte Priester aufhalten, die sich den Gesetzen des Gott-Königs widersetzen und reiche Kaufleute beeinflussen, um sich mit ihnen und mit ihrem Reichtum zu verbünden. Auch uns wurde bereits ein Angebot von einem anonymen Vermittler überbracht."
„Habt Dank für eure ehrliche Auskunft, ich wußte nicht, daß diese Verschwörung hier bereits ein solches Ausmaß angenommen hat," sagte ich äußerst nachdenklich.
„Sollten wir dir irgendwie behilflich sein können, laß es uns wissen", schlug mir der Gastgeber vor und fuhr fort: „Wir werden dir zu Ehren morgen Abend ein Fest veranstalten; das wird deine Moral ein wenig auflockern."
Mir war alles andere als zum Feiern zumute, aber unter gar keinen Umständen durfte ich ihre Gastfreundschaft

verletzen. Wir sprachen noch lange miteinander, bevor ich mich in mein Gemach zurückzog. Kaum hatte ich die Türe hinter mir geschlossen, pochte es leise, und eine junge schöne Nubierin trat ein. Sie brachte mir Wasser, Salben und Öle und ein frisches Gewand für die Nacht und fragte scheu: „Wünscht der Herr, daß ich die Nacht über bei ihm bleibe?" Dankend entließ ich sie und schlief bald ein.
Ich erwachte erst zur Mittagsstunde, niemand hatte mich geweckt. So entschloß ich mich, den Besuch im Tempel auf den nächsten Tag zu verschieben und mich einen Tag lang auszuruhen. Ein Diener brachte mir das Essen und überreichte mir die Botschaft, die Gastgeber würden sich entschuldigen, sie seien in die Stadt gefahren, um für das Fest einzukaufen. Ich genoß die Stille, wanderte durch die bebauten Felder und gelangte dann an einen kleinen Teich, in dessen ruhigem Wasser sich die nahen Palmen widerspiegelten. Diesen Ort besuchte ich immer, wenn ich hierherkam, und auch dieses Mal setzte ich mich in den Palmenschatten direkt am Teich. Der Himmel war strahlend blau, und die goldene Sonne zog gemächlich ihre Bahn. Ich beobachtete die kleinen Mücken, die mit großer Geschwindigkeit über das dunkle Wasser schwirrten.
Die Worte des Gott-Königs pochten in meinem Gehirn. Er hatte mir zu verstehen gegeben, daß meine innere Uhr bald zum Stillstand kommen würde, was in meinem hohen Alter nichts Besonderes an sich hatte. Wie aber konnten die restlichen Schicksalskräfte in der mir noch verbleibenden Zeit getilgt werden? Alle großen

Einweihungen hatte ich durchschritten, und doch schien ein für mich nicht erkennbarer Rest der alten Natur noch nicht getilgt zu sein. Ich raffte mich zusammen, denn mir war klar, daß sich auf dieser intellektuellen Basis keine Antwort auf diese Frage ergeben würde. Zu gegebener Zeit würde es sich offenbaren, dann mußte ich diese Verstrickung durchschauen und sogleich in eine höhere Integration, in eine höhere Schwingungsebene, eingehen.

Erst, als die Sonne den Abendhimmel mit unzähligen Farben verzauberte, begab ich mich in mein Gemach, um mich frisch zu machen. Auf dem Bett lag ein kostbares Gewand, das mir während meiner Abwesenheit eine Dienerin gebracht hatte. Die Abendkühle strich ins Zimmer herein, und unzählige Zikaden stimmten ihren zirpenden Gesang an.

Ein leises Pochen an der Tür weckte meine Aufmerksamkeit: „Herr, das Essen ist bereit", hörte ich eine weibliche Stimme sagen, und ich antwortete, ich würde bald unten sein. Als ich den großen Saal betrat, strichen mir dezente Düfte entgegen. Der Saal war mit leuchtenden Blumen dekoriert.

Die Gastgeber standen an der Tür und begrüßten die eintretenden Gäste. Alle waren äußerst nobel gekleidet und brachten kostbare Geschenke mit. Die Gastgeberin sah hinreißend aus: Sie hatte die dunklen Haare kunstvoll auf die eine Seite ihres zierlichen Kopfes gekämmt und dort eine leuchtende Granatblüte hineingesteckt. Die Frauen trugen kostbare goldene Halsbänder, die mit verschiedenen Edelsteinen

besetzt waren, und perlenverzierte Arm- und Fußspangen.
Die meisten kannten sich, und auch mir kamen einige Gesichter von früheren Festen her bekannt vor. Einige der Gäste warfen mir forschende, fragende Blicke zu, aber ohne ein Antwort zu fordern.
Als sich die feudale Gesellschaft gesetzt hatte, stand der Gastgeber auf und sprach: „Liebe Freunde, dieses Fest heute Abend ist unserem lieben Verwandten und Freund Juba gewidmet, der uns wieder einmal mit einem familiären Besuch beehrt hat. Laßt uns nun essen und den Abend genießen." Er gab den Dienern das Zeichen, daß sie die Speisen auftragen sollten. Mir warf er einen verschmitzt lachenden Blick zu, denn er hatte es verstanden, die aufflackernde Neugier um meine Person zu zerstreuen. Nach der üppigen Mahlzeit wurden die Gäste in den Garten gebeten, der ebenfalls festlich dekoriert war.
Durch den Überfluß an alkoholisierten Getränken, die die meisten getrunken hatten, entstand ein lautes Stimmengewirr, das für mich fast unerträglich war. Zum Glück betraten bald Musikanten und Tänzerinnen den Hof, die mit ihren Klängen und graziösen Bewegungen die laue Nacht verzauberten. Ich stand etwas abseits und betrachtete befremdet das Tun der feuchtfröhlichen Gesellschaft. Dabei fiel mir ein Gast auf, den ich bisher nicht gesehen hatte.
Die lange schlaksige Gestalt mit der vergifteten Ausstrahlung übte eine sonderbare unverständliche Wirkung auf mich aus. Ich sah deutlich in der feinstofflichen

Welt dieses Mannes, daß er irgend etwas Unheilvolles plante. Das Geiergesicht fixierte mich kurz mit einem messerscharfen Blick, und dann verschwand er.
Ich zog mich in mein Zimmer zurück. Es war mir bewußt geworden, daß ich vorsichtig sein mußte, denn ich fühlte die drohende Gefahr.
Das laute eindringliche Geschrei eines Hahnes riß mich aus einem unruhigen Schlaf. Ich zog die Rollmatten hoch und sah, wie die Morgensonne gerade behutsam die Nachtschatten verbrannte und ihre wohltuenden Strahlen über die fruchtbaren Äcker schickte.
Ein leises Pochen ertönte an der Türe; eine schmalhüftige Dienerin trat ein und legte mir meine frischgewaschenen Kleider aufs Bett. Sie waren mit einer Essenz besprüht, die wie taubeladene Morgenblüten im Garten dufteten. „Der Herr erwartet Sie zum Frühstück", teilte sie mir mit.
Der Gastgeber und ich nahmen das Frühstück allein ein, denn seine Gemahlin schlief noch. Sie mußte bleiben, bis der letzte Gast das Fest verlassen hatte, und das war noch nicht allzu lange her.
Er räusperte sich und sprach: „Ich habe gestern beobachtet, wie du dich zurückgezogen hast, nachdem ein langer hagerer Mann, den ich zuvor noch nie gesehen habe, schleunigst das Feld verließ. Er war beim Essen nicht dabei, und ich dachte, daß er vielleicht mit jemandem von den Gästen nachträglich dazugestoßen sei, aber es stellte sich heraus, daß dies nicht der Fall war. Ich hatte mich unauffällig umgehört, niemand kannte ihn. Du mußt sehr vorsichtig sein, er muß von deiner Anwe-

senheit hier gewußt haben und vermutlich kennt er auch deinen Auftrag. Irgend jemand muß ihn gesandt haben, das wird deine Arbeit erschweren."

„Mir ist diese Gestalt auch aufgefallen", erwiderte ich und bat meinen Gastgeber, mir einen Wagen mit Pferd bereitstellen zu lassen. Er verabschiedete sich, um seiner Arbeit nachzugehen. Ich bewunderte seine Feinfühligkeit, er hatte bemerkt, daß ich noch eine Weile allein sein wollte. Einen bestimmten Plan hatte ich nicht, ich wollte mich im riesigen Karnak-Tempel umsehen und meine Aufgabe, die mir der Gott-König aufgetragen hatte, wahrnehmen. Aber das Auftauchen des Geiergesichtigen am Fest war mehr als nur eine begrenzte Vorahnung, irgend etwas Krummes war in Vorbereitung.

Bald stand ich vor dem mächtigen Tempel und schritt den breiten Weg, der beidseits gleich einer Allee mit kleinen Sphinxen gesäumt war, hinunter. Sie dienten als stumme Tempelwächter.

Der Tempel war für das Volk zugänglich und durch ein großes Tor geschlossen. Ich klopfte an, ein kleiner stiernackiger Priester mit hervorquellenden Augen öffnete und bat mich herein.

Er hatte an meinem königlichen Ring sofort erkannt, daß ich unbegrenzte Vollmachten besaß. Wir schritten durch den Vorhof, der von hohen Mauern umgeben war. Die früheren Pharaonen hatten sich hier mit großen Statuen aus Stein in der Mauer verewigen lassen. Doch die beiden hohen Statuen von Ramses beidseits des Eingangs zum Säulentempel, dem inneren Heilig-

tum, überragten alle anderen. Diese monumentalen Statuen zeugten von einer großen Dynastie.
Der Priester verabschiedete sich von mir, und ich trat allein ein. Es war ein riesenhaftes beeindruckendes Säulenlabyrinth. Jeder Schritt widerhallte, und ich sah mich vorsichtig um. Niemand außer mir war da, was mir eigenartig vorkam. Auf der anderen Seite verließ ich den Tempeltrakt, ging am großen Obelisken vorbei zum heiligen Teich, wo einige kahlgeschorene Priester beisammensaßen und miteinander sprachen; sie hatten meine Anwesenheit nicht bemerkt.
Eine innere Stimme bewog mich, noch einmal in den Säulentempel zurückzugehen. Leise durchschritt ich das Gebäude, von einer schlimmen Vorahnung bedrückt. Der Schreck fuhr mir durch die Glieder, als ein dunkler Schatten knapp über meinem Kopf geflogen kam. Doch zu meiner Erleichterung stellte ich fest, daß es nur eine Fledermaus gewesen war. Deutlich fühlte ich, daß sich mir etwas Drohendes näherte. Gespannt sah ich mich um, konnte aber nichts Verdächtiges entdecken. Plötzlich spürte ich einen stechenden dumpfen Schmerz im Rücken und fiel sogleich zu Boden. Ich sah das schattenhafte Grinsen des Geiergesichtigen über mir, der Verräter hatte mir von hinten einen spitzen Speer in den Rücken gerammt. Ich fühlte, wie der rote Lebenssaft aus der offenen Wunde quoll, und wußte, dies war mein Ende.
Meine letzten elektrisierenden Gedanken sandte ich zum Gott-König, und ich nahm noch wahr, daß er meine Botschaft empfangen hatte und sogleich wußte, was ge-

schehen war. Im Innern hörte ich seine Worte klar und hell erklingen: „Juba, mein treuer Freund, so gehe nun ein ins Meer des Lichtes, das goldene Band ist dein ewiger Begleiter, du wirst es auch in Zukunft weitertragen." Ich fühlte, wie die Lebensflamme langsam in mir erlosch, und am jenseitigen Ufer leuchtete bereits einladend das andere Land.
Doch ich kam nicht dazu, dieses helle Land zu betreten, denn sogleich legte sich ein Schleier des Vergessens über mich, der die Erinnerung an meine Identität in Ägypten auslöschte, und mein Wesen wurde wieder vom Wirbel der Zeit eingefangen. Mein Bewußtsein nahm ein merkwürdiges Bild wahr. Es war das Empfinden, als nähme ich aus dem Unsichtbaren einen sichtbaren Körper an und trete aus einem Spiegel hinaus. Tatsächlich: Ich stand in einem kleinen Raum, und ich war nicht allein.
„Wir wollen jetzt die Loge verlassen", sagte Mister Wang mit einem vielsagenden Lächeln zu mir.
„Ja, Mister Wang", antwortete ich gehorsam, mit einem seltsamen Nachgefühl fremder Welten in mir. Ich schaute noch einmal den goldenen Sarg an, den ich geöffnet hatte, und irgendein Impuls bewegte mich, noch einmal in diesen mysteriösen Spiegel zu schauen, und dann ...

Verstrickte Traumrealitäten

Der schrille Ton des Weckers riß mich aus tiefem Schlaf. Wie ein Scheintoter lag ich zwischen den kühlen Laken

und rieb mir die Augen, wie um mich zu vergewissern, daß sie noch da waren.
Ich schaute mich um, der Fußboden war nicht gekehrt, die staubigen Möbel, der alte vertraute Lehnstuhl mit dem zerrissenen Polster und die kalte Asche im Kamin – ja, ich war zu Hause. Aber dieser intensive Traum war noch allgegenwärtig und wollte mein Gehirn nicht mehr verlassen. Er hielt mich wie einen Bewußtlosen ans Bett gekettet.
Es klopfte an der Türe: „Mister Mongrave, kann ich eintreten?" ertönte eine hohe pfeifende Stimme. „Ja, kommen Sie herein", antwortete ich. Es war Clementine, meine Haushälterin, die zweimal in der Woche wie ein Hurrikan durch meinen Haushalt fuhr. Wenn ich sie beim Arbeiten beobachtete, kam sie mir immer vor wie eine kleine graue Maus, die nach einem verborgenen Krümel Käse suchte.
„Ist Ihnen nicht wohl, Sie sehen ja totenblaß aus, soll ich Ihnen einen Arzt holen?" fragte sie mich mit besorgter Stimme. Sie war es nicht gewohnt, mich im Bett vorzufinden, denn sonst hatte ich um diese Zeit bereits meinen täglichen Morgenspaziergang im nahen Park hinter mir. Ich schaute auf den Wecker und erschrak, denn seit seinem Läuten waren bereits zwei Stunden verstrichen. Die graue Maus stocherte im offenen Kamin herum, und bald danach durchströmte eine angenehme Wärme den Raum.
„Wollen Sie nicht aufstehen? Ich möchte Ihr Bett frisch beziehen", nörgelte sie an mir herum und legte mir meinen Morgenmantel aufs Bett. „Kommen Sie, setzen Sie

sich in den Lehnstuhl nahe zum Kamin, ich werde ihnen eine Tasse Kaffee machen, das wird Sie wecken", kommandierte sie mich herum. Sie ist noch schlimmer als meine geschiedene Frau, die mich vor acht Jahren verlassen hatte, mit dem fadenscheinigen Argument, sie möchte lieber wieder frei sein, dachte ich.

Ich brauchte lange, bis ich die Trennung verschmerzt hatte, war nun aber mit meiner Situation ganz zufrieden. Ich hatte gut aufgepaßt, um ja keine neue Bindung mehr einzugehen, denn eine solche Trennung konnte ich nicht noch einmal verkraften. Doch vor einigen Tagen hatte ich in der Bibliothek zwischen verstaubten Büchern Natascha kennengelernt. Sie kam mir vor wie eine Erscheinung aus einer fernen fremden Welt. Ihre klaren hellen Augen und ihr schulterlanges kastanienbraunes Haar, das blasse glasige Gesicht, das auf eine schwache Gesundheit hindeutete, und ihre unkomplizierte Art hatten etwas, das lange in mir geschlummert hatte, wieder zum Leben erweckt,

In dem Augenblick, als ich sie sah, wußte ich, daß der Herr des Schicksals mir einen unsichtbaren unabweisbaren Magneten ins Herz implantiert hatte. Ich war wie von süßem Rausch beschwingt, doch meiner Zunge hatte sich eine tiefsitzende Schüchternheit bemächtigt. Dazu kam, daß man in dieser Bibliothek nicht sprechen, höchstens flüstern durfte. Vielleicht war es die heimliche Angst, daß lautes Sprechen die unzähligen Gestalten, über die die Bücher berichteten, zu neuem Leben erwecken würde.

Die Bibliothekarin, die am Eingang des Saales saß,

schaute hier nach dem Rechten, wie sie den Besuchern viele Male mit Nachdruck versicherte, um ihre unumstößliche Machtposition hervorzuheben. Ihre dunkle Nickelbrille und die streng nach hinten gekämmten Haare wiesen auf ein karges Dasein hin.

Wie von heftigem Fieber gepackt, folgte ich Natascha unauffällig durch den großen Saal, doch plötzlich war sie mir zwischen den hohen Regalen entschlüpft. Ich entschloß mich, nun das Buch zu suchen, um dessentwillen ich eigentlich hergekommen war. Den Blick auf das Alphabet der Bücher gerichtet, stolperte ich ungeschickt in jemanden hinein – es war die Gesuchte!

„Entschuldigen Sie mich“, stotterte ich verlegen, und mit einem fremden Akzent antwortete sie lachend: „Das macht nichts, es ist ja nichts Schlimmes geschehen!“ Als ich mich einigermaßen gefaßt hatte, fragte ich sie, ob ich ihr behilflich sein könnte? „Gerne“, antwortete sie, „das Buch, das ich suche, befindet sich in der oberen Reihe, es behandelt die alten ägyptischen Mysterien“, sagte sie mit einer etwas unsicheren Stimme.

Ich konnte es kaum fassen, denn sie wollte genau dasselbe Buch zum gleichen Zeitpunkt wie ich! Welche mysteriösen Zauberkräfte hatten dieses Zusammentreffen organisiert? Ich bestand darauf, daß sie das Buch als Erste mit nach Hause nehmen sollte und lud sie zu einem Kaffee ein.

In der stillen Ecke eines Restaurants fragte ich sie nach der Herkunft ihres fremden Akzentes, und ohne zu zögern, öffnete sie ihr feines Herz:

„Ich heiße Natascha Romanefski und bin russischer Abstammung. Mein Großvater emigrierte während der Revolution in den Westen und kam schließlich hierher nach England. Er stammte aus einer alten adeligen Familie von uralter Tradition. Er hatte sich mit dem Kulturwechsel nie abfinden können und starb bald nach seiner Ankunft. Auch meine Mutter hatte große Mühe und starb sehr jung. Ich lebe nun schon seit vielen Jahren allein mit meinem Vater." Sie besann sich: „Oh hoffentlich habe ich Sie mit meiner Lebensgeschichte nicht gelangweilt! Erzählen Sie mir doch etwas über sich!" forderte sie mich auf.
„Aber ich bitte Sie, Sie langweilen mich durchaus nicht. Mein Name ist Frederic Mongrave. Aus meinem blassen Leben gibt es leider nicht viel zu erzählen. Ich war über dreißig Jahre verheiratet, und vor acht Jahren hat mich meine Frau von einem Tag auf den anderen verlassen. Meine Eltern haben mir eine kleine Wohnung und eine größere Summe Geldes hinterlassen, so daß ich mich aus der Arbeitswelt zurückziehen konnte, um mich ganz meinen Studien zu widmen.
Ein innerer unerklärlicher Drang brachte mich schon seit meiner frühesten Jugend dazu, mich für die verborgene Seite des Lebens zu interessieren. Immer ist da diese tiefe Sehnsucht, eine unsichtbare Stimme, die mich auffordert, das goldene Band zu suchen." Ich erschrak ob meinen eigenen Worten, die ungehemmt hervorsprudelten und meine intimste Seite, die ich selber kaum kannte, offenbarten.
Doch in dem Augenblick, als ich das goldene Band er-

wähnte, stand Natascha wie vom Blitz getroffen auf und sagte: „Ich muß jetzt leider gehen."
„Werde ich Sie wiedersehen?" stammelte ich verunsichert. Ich war mir nicht im klaren, ob ich etwas Falsches ausgesprochen hatte, das sie vielleicht verletzt hatte. Dabei wollte ich sie doch auf ihr Interesse für das Buch über die ägyptischen Mysterien ansprechen.
Ich rief den Kellner herbei, um zu bezahlen. Der starrte mich wie ein hypnotisierter Gockel an und verzog das Gesicht zu einem zweideutigen Grinsen. Was für schmutzige, triebhafte Gdanken mochten sich wohl hinter dieser Miene bewegen, dachte ich.
Gemeinsam verließen wir das Restaurant, und sie sagte in dringendem Ton: „Ich werde mich beeilen, das Buch zu lesen, wir können uns in einer Woche zur selben Zeit wieder in der Bibliothek treffen. Ich danke Ihnen für den Kaffee, es war nett, Ihre Bekanntschaft zu machen, aber jetzt muß ich wirklich gehen". So hatte sich die erste Begegnung mit Natascha zugetragen.
„Ich bin fertig", riß mich abrupt die Stimme der grauen Maus aus meiner Gedankenwelt. Geduckt und erwartungsvoll wartete sie auf ihre Entlohnung. Ich bezahlte ihr immer die doppelte Summe, da mir ihre finanzielle Lage bestens bekannt war. Ihr Ehemann hatte einen Arbeitsunfall erlitten und mußte sich frühzeitig pensionieren lassen.
Sie bedankte sich und sagte: „Trinken Sie Ihren Kaffee, bevor er kalt wird. Das Frühstück steht in der Küche, und passen Sie gut auf sich auf, Mister Mongrave, ich sehe Sie in drei Tagen wieder."

Heute war der Tag, an dem ich Natascha wiedersehen sollte. Das zarte Keimen der Verliebtheit brannte in meiner Brust. Doch der intensive Traum beschäftigte mich immer noch. Nur noch fetzenhaft schlichen Bilder in meinem Tagbewußtsein umher. So sehr ich mich auch bemühte, es gelang mir nicht mehr, die Traumbilder bewußt zu machen. Nur eines wußte ich mit Sicherheit: es hatte mit China, mit dem alten Ägypten und mit dem goldenen Band zu tun.

Es war früher Nachmittag, als ich unten auf der Straße stand. Ein leichter kalter Regen fiel, der typische Londoner Regen, und einige klatschnasse Kinder rannten in jugendlichem Übermut an mir vorbei. Ich ging die Straße entlang am Pub „Fox-and-Hounds" vorbei. Vor einer knappen Stunde hatte er seine Türen geöffnet, und schon hatten es einige geschafft, sich in dieser kurzen Zeit zu betrinken. Das Lokal war voll, und der von unzähligen Lungen gesiebte Zigarettenrauch kroch wie ein weißgelbes stinkendes Phantom zur Türe hinaus und verflüchtigte sich.

Es war der Treffpunkt der vielen Arbeitslosen, die hier ihren Unmut im Alkohol ertränkten und ihren Aggressionen freien Lauf ließen.

Ich beschleunigte jeweils meine Schritte, wenn ich an diesem Pub vorbeikam. Es kam mir wie eine Welt vor, die in eine andere verpackt war, die ich nicht kannte. Ich würde mich erst am frühen Abend mit Natascha treffen. Bis dahin hatte ich Zeit, um einige Einkäufe zu tätigen. Ich trat in den kleinen Kramerladen, wo ich täglich meine Zeitung kaufte. „Guten Tag, Mister Mongrave",

hüstelte mir Mister Thompson entgegen. „Trauriges Wetter heute, mein Rheumatismus in den Händen quält mich sehr, meiner Frau geht es auch nicht besser, sie ist oben in der warmen Wohnung geblieben", klagte er mit farbloser Stimme. Seine blauen rissigen Lippen und sein graues faltiges Gesicht waren von dauernden Schmerzen gezeichnet.
Ich beeilte mich, nach Hause zu kommen, denn es regnete nun ziemlich stark. Vor dem Kamin las ich die Zeitung und wunderte mich einmal mehr über mich selbst, denn ich stellte fest, daß ich die Zeitung längst nicht mehr wegen ihrer Berichterstattung, sondern aus reiner Gewohnheit kaufte. Der beste Zweck, den sie erfüllte, war wohl, daß ich mit ihr das Kaminfeuer entzünden konnte.
Mein Blick wanderte immer wieder ungeduldig zur Uhr. Die zeigte wieder einmal mehr, wie zähflüssig die Zeit sein konnte. Ungeduld nagte an meinem Herzen, und ich zwang mich, im Zimmer auf- und abzugehen.
Endlich stieg ich die Treppe hinunter, es hatte gerade aufgehört zu regnen. Die Bibliothekarin musterte mich mit ihrem gewohnten kühlen Blick und würgte dann ein trockenes „Guten Tag!" hervor. Doch irgend etwas irritierte mich heute an ihr, denn hinter dem Schleier der Verflossenheit flackerte etwas Unsicheres, das ich nicht zu deuten vermochte.
Fünf Uhr: gleich mußte Natascha kommen. Ich fühlte wieder dieses unkontrollierbare Beben in meiner Brust. Doch eine halbe Stunde unerträglichen Wartens verstrich, ohne daß sie aufgetaucht wäre. Fieberhafte

Gedanken schossen wie glühende Pfeile durch mein Gehirn, aber ich fand keine passende Erklärung für ihr Wegbleiben.
Als sie um sechs Uhr noch nicht gekommen war, entschied ich mich schweren Herzens, wieder nach Hause zu gehen. Auf leisen Sohlen wollte ich mich an der Bibliothekarin vorbeischleichen, um meine jämmerliche Gemütsverfassung vor ihr zu verbergen.
Doch kaum war ich an ihrem Pult angelangt, hob sie den Kopf und meinte lakonisch: „Sie sind doch Mister Mongrave, nicht wahr? Jemand hat eine Botschaft für Sie hinterlassen.“ Sie streckte mir einen geschlossenen Briefumschlag entgegen. Freude und Wut stiegen gleichzeitig in mir hoch; sie hatte es genossen, mich absichtlich warten zu lassen.
Draußen vor der Türe öffnete ich den Brief mit zitternden Händen und las: „Werter Mister Mongrave, aus gesundheitlichen Gründen ist es mir leider nicht möglich, unsere Verabredung einzuhalten. Meinem Vater habe ich von Ihnen erzählt, und er hat den Wunsch geäußert, Ihre Bekanntschaft zu machen. Falls Sie heute Abend Zeit haben, würde es uns freuen, wenn Sie uns besuchen würden. Unsere Adresse steht im Brief. Mit freundlichen Grüßen, Natascha Romanefski.“
Ich schluckte leer, das kam überraschend, doch kaum hatte ich mich gefaßt, rief ich einem Taxi. Die Straße kannte ich nicht, aber es konnte nicht allzu weit entfernt sein.
Die Abenddämmerung verbreitete ihre zwielichtige Stimmung, und der Fahrer kam im stockenden Verkehr

nur langsam vorwärts. Die Nacht war vollends eingebrochen, als der Fahrer in eine kleine Sackgasse einbog und an deren Ende anhielt. Dann stand ich vor einem großen Haus mit hohen Fenstern. Im oberen Stockwerk waren zwei Zimmer beleuchtet. Ich ging durch den breiten Gartenweg und drückte auf die Klingel.

Die Türe öffnete sich, und vor mir stand Mister Romanefski. „Willkommen, Mister Mongrave, bitte treten Sie ein." Er sagte diese Worte mit einer solchen Gelassenheit und Selbstverständlichkeit, als wären wir alte Freunde.

Auf Anhieb fühlte ich mich in seiner Gegenwart sehr wohl. Sein rundliches, glattrasiertes Gesicht und seine Augen zeigten eine leicht mongolische Abstammung. Der Körper jugendlich-lebendig, die dichten Haare graumeliert und der Blick klar und bestimmt, war es unmöglich, sein Alter zu schätzen. Irgend etwas Zeitloses, Mysteriöses strahlte von seinem Wesen aus.

Ich wußte augenblicklich, daß er ein außergewöhnlicher Mensch war, was mir sogleich bestätigt wurde: „Sie glauben, daß Sie mich heute zum ersten Mal treffen, werter Mister Mongrave", sagte er, indem er mir den Mantel abnahm, und fuhr fort: „Das goldene Band hat Sie hierhergeführt. Sie haben vor langer Zeit ein Gelübde abgelegt, das Sie zur Lichtgeburt verpflichtet. Sie haben in diesem Leben nicht bewußt genug gelebt, weil viele Bindungen Sie von Ihrer wahren Berufung abgelenkt haben; das wird sich nun ändern."

Sprachlos und benommen nickte ich bejahend, denn er hatte mit großer Klarheit etwas ausgesprochen, das ich in einer verborgenen Ecke meines Wesens schon immer wußte, das aber nur noch als Ahnung vorhanden war.

„Wir werden noch viel Zeit haben, um uns darüber zu unterhalten. Doch jetzt wollen wir nach oben gehen, Natascha erwartet Sie. Da ist noch etwas, was ich Ihnen sagen muß, Mister Mongrave, Natascha leidet an einer Blutkrankheit, die sie sehr schwächt, manchmal muß sie sich für längere Zeit hinlegen, wenn sie ein Schwächeanfall bekommt. Dies ist der Grund, weshalb sie heute nicht in die Bibliothek gekommen ist."

Ich hatte keine Zeit, diese Worte zu verdauen, denn schon betraten wir einen großen Raum, an dessen Wänden in endlosen Regalen unzählige Bücher standen. Inmitten dieses Raumes saß Natascha in einem der vier bequemen Polstersessel. Ich erschrak, denn ihr feines Gesicht war wachsbleich. Mit einem müden Lächeln begrüßte sie mich mit den Worten: „Es ist schön, daß Sie kommen konnten, aber bitte setzen Sie sich, ich werde uns Kaffee zubereiten."

Ich schaute in ihre glasigen Augen, es schmerzte mich, sie so zu sehen. Stiche wie von glühenden Nadeln durchdrangen mein Herz.

„Hat Ihnen mein Vater von meiner Krankheit erzählt?" fragte sie mich. „Ja, er hat mich aufgeklärt, aber bestimmt werden Sie wieder gesund", stammelte ich hilflos und ohne Überzeugung.

„Nein, werter Mister Mongrave, diese Krankheit ist unheilbar, ich habe sie von meiner geliebten Mutter geerbt, die starb, als ich dreizehn Jahre alt war."

Eine Welt zerbrach in mir, ich brachte kein einziges Wort hervor. „Seien Sie nicht traurig, der Tod erschreckt mich nicht, im Gegenteil, er ist mir zu einem vertrauten Freund geworden. Gemeinsam mit meinem Vater habe ich meine verbliebenen karmischen Lasten aufgearbeitet und mich von ihnen befreit. Ich habe die alten Banden durchtrennt und losgelassen und bin frei von Furcht. In diesen kranken Körper ist das Licht der anderen Welt eingedrungen, und an dieses habe ich mein Leben übergeben."

Ihre tiefen Worte klangen wie helle Musik in meiner Seele, ich schaute ihr nach, wie sie sich aus dem Raum entfernte. Bald darauf kehrte sie mit einer Kanne Kaffee zurück.

Eine Weile saßen wir still da, doch dann wandte sich Mister Romanefski an mich: „Natascha hat mir erzählt, daß Sie sich für die alten ägyptischen Mysterien interessieren?"

„Ja, das stimmt. Ich habe mich lange mit der Hermetischen Lehre befaßt und auch die historischen Begebenheiten studiert", antwortete ich. Mister Romanefski stand auf und schritt an den Bücherregalen entlang, bis er gefunden hatte, was er suchte. Dann setzte er sich wieder zu uns und erklärte: „Dies sind Auszüge aus der Tabula Smaragdina von Hermes Trismegistos." Dann begann er zu lesen.

Seine Worte sprudelten magisch aus unergründlichen Tiefen seiner Seele hervor, und er erklärte mit erleuchtetem Bewußtsein die verschleierten Texte.

Mein Bewußtsein durchschritt schlagartig neue Dimensionen und durchbrach viele bisher noch verschlossene Tore.

Er legte das Buch beiseite und sprach: „Die große Transformation der Erde, die nun begonnen hat, zeigt deutliche Anzeichen dafür, in welcher Art sich diese einschneidenden Veränderungen vollziehen. Die Lichtfunkenträger werden erweckt und zur befreienden Handlung geleitet und aus der Umklammerung der Todesnatur mit ihren zwei Lebensfeldern – Diesseits und Jenseits – befreit. Diejenigen, die die Läuterungsprozesse durchlaufen und den alten Tempel überwunden haben, werden in die Umhüllung der großen Lichtsphäre eintreten."

Wer war dieser große Eingeweihte, der mir bei der ersten Begegnung zu verstehen gab, daß wir uns schon kannten? Ich suchte tief in meinen schlummernden Erinnerungen, doch mehr als ein unbestimmtes Gefühl wollte sich nicht aus den Regionen des Unbewußten herauslösen.

„Möchten Sie noch etwas Kaffee, Mister Mongrave", fragte Natascha und holte mich damit aus den lichten Welten zurück.

„Gerne, aber ich werde mich bald auf den Heimweg begeben müssen, es ist schon spät", antwortete ich.

„Wir haben nur sehr selten Besuch, Sie wissen ja, will man nicht den dunklen Mechanismen dieser Welt zum Opfer fallen, dann zieht man sich von selber zurück und lebt auf einer Seelen-Insel, die für die Welt unsichtbar und unantastbar ist, aber das kennen Sie ja auch", meinte Mister Romanefski mit leuchtenden Augen und fügte

hinzu: „Die Welt ächzt in ihren Angeln, die Menschheit ist von den sich unaufhörlich verstärkenden Begierdenströmen, die sie selbst in Gang gesetzt hat, gefangen. Nur wenige sind sich der daraus resultierenden Überschattung durch die jenseitige Welt bewußt.
Die Wurzelkräfte dieser zweifachen Todesnatur bedingen einander und ernähren sich aus denselben feinstofflichen Kräften. Die feinstofflichen Kräfte, die wir aus der festen Nahrung zur Erhaltung unseres Körpers extrahieren, befähigen uns, in dieser Scheinwelt zu existieren. Auch die in der jenseitigen Welt lebenden Seelen brauchen Nahrung, um sich instandzuhalten. Sie extrahieren die freigemachten Ätherkräfte der im Diesseits lebenden Menschen", sagte er nachdenklich. Dann unterbrach er sich selber: „Haben Sie schon einmal an einer spiritistischen Sitzung teilgenommen?" fragte er.
Als ich benommen verneinte, fuhr er fort: „Ich kenne einen spiritistischen Zirkel, ich könnte uns dort anmelden. Dort würden Sie tiefere Kenntnisse aus erster Hand erlangen, wie sich dieses Schmarotzertum vollzieht. Sie besitzen ja die ätherische Sicht, Sie werden staunen."
Mit gemischten Gefühlen willigte ich ein, und wir verabredeten uns für den nächsten Abend.
Ich verabschiedete mich und schritt die nur spärlich beleuchtete Gasse hinunter. Bald saß ich in einem Taxi, das mich nach Hause brachte. Kurz vor Mitternacht betrat ich meine Wohnung. Ich hatte das Gefühl, eine Woche weggewesen zu sein. Mit der langen Zange stocherte ich in der Asche im Kamin und fand zuunterst noch ein wenig Glut, die mich wie ein feuriges Auge an-

starrte. Ich blies hinein, und kleine Feuerzungen antworteten auf meinen Wiederbelebungsversuch. Morgenzeitung, Holz und Kohle: bald brannte ein wärmendes Feuer.
Was für ein Tag! Erschöpft ließ ich mich in den alten Lehnstuhl fallen. Das dumpfe Geräusch der losen Springfedern im Polster begrüßte mich mit einem metallenen leisen Quietschen. Unzählige Male hatte ich mir vorgenommen, den Fauteuil in Reparatur zu bringen, doch ich hatte Mühe, mich auch nur einen Tag von ihm zu trennen.
Meine Gedanken wanderten zu Natascha; sie war die ungewöhnlichste Frau, der ich begegnet bin. Ich wußte, daß ich mich nie wieder in Seelenabgründe, in Nebengleise der Wirklichkeit, verirren durfte.
Der Seelenschmerz, die Gefangenheit in den Fangnetzen der Erwartungen und Wünsche hatten mich immer wieder zermürbt.
Doch mit dieser neuen Bekanntschaft sah ich klar den leuchtenden Pfad vor meinem inneren Auge. Der Garten der Götter hatte die Pforten wieder geöffnet. Wie gleißendes Licht stiegen die Worte von Mister Romanefski in mir hoch: „Sie haben ein Gelübde abgelegt, das zur Lichtgeburt verpflichtet!“

Schmarotzer aus der anderen Welt

Müde legte ich mich ins Bett und schlief sogleich ein. Wie in einem Film breitete sich die Traumwelt vor mir aus. Eine lichte Gestalt aus dem ewigen Raum kam auf mich zu und reichte mir einen großen verzierten goldenen Becher, der mit Blut gefüllt war. Als ich am nächsten Morgen erwachte, hatte ich das Empfinden, als wären meine sieben Hirnhöhlen von strahlendem Licht durchflutet. Mein erster Gedanke galt Natascha, sie hatte meinem Herzen Inhalt und Wärme gegeben. Mein ganzes Wesen fühlte sich wie von einem mächtigen Strom zu ihr hingezogen. Es war nicht dieses unkontrollierte Brennen einer jugendlichen Verliebtheit, sondern etwas Zartes, unergründlich Tiefes. Es hatte mich im ersten Augenblick, als ich sie gesehen hatte, ergriffen und nicht mehr losgelassen.

Mir war, als hätten wir gemeinsam seit Urzeiten unzählige Sternengänge durchschritten, wären durch Schicksalszwänge entzweit und wieder zusammengefügt worden. Ich wagte nicht, sie zu fragen, ob sie dasselbe empfindet.

Ich öffnete das Fenster, die frische Morgenluft drang ins Zimmer und verdrängte den muffigen Nachtgeruch. Allmählich wagte sich ein fahler Sonnenstrahl ins Zimmer, um mir den Staub auf den Möbeln zu zeigen. Das Feuer hatte über Nacht einen feinen Aschenteppich übers Zimmer gelegt.

Unerwartet läutete es an der Tür: „Ich bringe Ihnen die Zeitung, wir verreisen für einige Tage zu meiner Schwester nach Manchester“, sprach Mister Thompson, der sich extra mit seiner Frau herbemüht hatte.

„Wie geht es Ihnen, Mrs. Thompson?“ fragte ich seine Frau. „Danke, besser“, sagte sie mit bebender Stimme,

indem sie ihr herzförmiges Faltengesicht ein wenig nach vorne ins Licht rückte.
„Möchten Sie gerne für eine Tasse Tee hereinkommen?“ fragte ich sie, doch sie waren in Eile, ließen mich aber wissen, daß sie ein anderes Mal gerne auf die Einladung zurückkommen würden.
Ich blätterte die Zeitung durch und las einen Artikel über die ägyptischen Kunstschätze im British Museum. Der Wunsch, das Museum zu besuchen, wurde in mir wach. Seit vielen Jahren bin ich nicht mehr dort gewesen.
Nachmittags machte ich einen langen Spaziergang durch den Park. Frauen mit Kinderwagen und ihren Modehunden und eine armselige, vom Alkohol durchtränkte Gestalt gingen an mir vorbei.
Punkt acht Uhr stand ich vor der Türe der Familie Romanefski und war erstaunt, als Natascha mich mit den Worten begrüßte: „Guten Abend, Mister Mongrave, Vater erwartet Sie oben.“
Ich erwiderte den Gruß und ließ sie wissen, wie froh ich war, daß sie nicht mehr so blaß aussah.
„Guten Abend, Mister Mongrave, schön, daß Sie kommen konnten, aber bitte, setzen Sie sich, wir sind noch etwas früh dran“, sagte Mister Romanefski. Er war in einen eleganten Maßanzug gekleidet, der seinem Wesen etwas Würdevolles verlieh.
Natascha trug ein langes hellgrünes Kleid, zu dessen Farbe die braunen Haare einen wunderschönen Kontrast bildeten. Sie setzte sich neben mich, während sich Mister Romanefski für einen Moment entschuldigte

und den Raum verließ. Natascha erklärte mir: „Ich werde nicht mitkommen, denn mit dieser anderen Welt des Todes habe ich abgeschlossen, da mich die ewigen Lichtkräfte zum Leben erweckt haben. Mein Vater muß einen triftigen Grund haben, Sie dorthin zu bringen, denn seine Seele ist längst frei von den zwei Welten der Dualität. Er muß irgend etwas in Ihnen entdeckt haben, daß er es für wichtig findet, Sie diese Erfahrung machen zu lassen.

Mister Romanefski trat ein und erklärte mir: „Die Frau, die diesen Zirkel leitet, ist ein Trance-Medium. Sie nennt sich Maria Magdalena und sagt, daß sie diesen Namen aus der jenseitigen Welt empfangen habe. Ich war erst einmal dort und hätte nie gedacht, daß ich noch einmal an einer dieser Seancen teilnehmen würde. Doch dieser Abend wird für Sie außerordentlich aufschlußreich sein. Beobachten Sie vor allem, was sich während der Sitzung in der feinstofflichen Welt abspielt."

Eine Stunde später machten wir uns auf den Weg. In diesem Stadtteil war abends fast kein Verkehr, es herrschte eine konzentrierte Stille. Da der Ort nicht allzu weit entfernt war, beschlossen wir, zu Fuß zu gehen. Das Licht der Straßenlaternen spielte mit unseren länger werdenden Schatten, die sich an einem gewissen Punkt in der Dunkelheit auflösten, um bei der nächsten Laterne wieder in Erscheinung zu treten. Einzig der Hall unserer Schritte auf den grauen Pflastersteinen war zu hören. Durch die Schlitze der geschlossenen Fensterläden drang wie aus halbgeöffneten Augen mildes Licht nach draußen.

Plötzlich blieb Mister Romanefski stehen und sagte, auf ein großes Haus hindeutend: „Das ist der Ort!“ Das Haus war von der Straße aus fast nicht sichtbar, da Bäume und eine hohe Hecke davor standen.
Dunkelgrünes Kletterefeu bedeckte die Fassade; die Fensterläden waren geschlossen, so daß kein Licht nach außen drang. Einzig eine kleine Lampe über der Türe beleuchtete schwach den Eingang.
Wir schritten den schmalen Kiesweg entlang und an der Türe betätigte Mister Romanefski die Klingel. Im Innern des Hauses hörte man den feinen hellen Ton einer Glocke.
Ein kleinwüchsiger Mann mit einem langen Gesicht und melancholischen Augen begrüßte uns. „Guten Abend, Mister Romanefski, bitte treten Sie ein“, sprach er mit einer heiseren, keifenden Stimme. „Das ist Mister Mongrave“, stellte mich Mister Romanefski vor. „Sehr erfreut; ich heiße Mister Bernard“, erklärte der Langgesichtige mit einem Akzent, aus dem ich schloß, daß er französischer Abstammung sein mußte. Wir hingen unsere Mäntel zu der bereits vorhandenen bunten Kollektion in der Garderobe und folgten Mister Bernard in den oberen Stock.
Feierlich öffnete er eine Türe und wir betraten ein großes Zimmer, dessen hohe Fenster mit schweren olivgrünen Brokatvorhängen verhängt waren. Die Wände waren mit einer türkisgoldenen Tapete verziert, und in der Mitte des Raumes stand ein großer runder Tisch, um den sich eine äußerst merkwürdige Gesellschaft versammelt hatte.

Als erstes fielen mir die eineiigen Zwillingsschwestern in ihren dunkelblauen Kostümen auf. Wie zwei dicke Flußpferde saßen sie auf den für sie viel zu kleinen Stühlen. Von ihren Stirnen tropfte Schweiß, den sie fast gleichzeitig mit einem weißen Taschentuch abwischten. Die in Locken gelegten kurzen rotblonden Haare sahen auf ihren großen runden Köpfen lächerlich aus. Die dicken Knie fanden unter dem Tisch kaum Platz, und die eine zupfte vor lauter Aufregung ständig am Saum ihres Rockes, während die andere versuchte, ihren langen Körper noch näher an den Tisch heranzurücken. Neben ihnen saß die dubiose Gestalt eines Mannes, der den Eindruck eines frustrierten Nachwuchskünstlers machte. Sein spitzer schwarzer Bart, sein fiebriger Blick und die dunklen Schatten um die Augen deuteten auf einen ausschweifenden Lebenswandel hin.
Neben ihm saß eine vornehm gekleidete ältere Dame. An ihrem rechten Mittelfinger trug sie einen großen Ring, der mit funkelnden Diamanten besetzt war.
Daneben saß ein älteres Ehepaar, das sich durchs Alter ähnlich geworden war, und starrte mit leeren Augen vor sich hin. Die jüngere Frau neben ihnen trug ein blutrotes Abendkleid. Ihr exaltierter Gesichtsausdruck und die katzenhaften Gebärden widerspiegelten ihre nervöse Laune. Sie war ein regelmäßiger Gast, wie ich später von Mister Romanefski vernahm, und der Halluzination einer bedingungslosen Ergebenheit für Maria Magdalena erlegen.
Mister Bernard stellte uns alle mit Namen vor und faselte euphorisch etwas von „unserem großen Glück,

heute Abend mit der geistigen Welt in Kontakt treten zu können". Er erklärte, daß während der Sitzung nicht gesprochen werden dürfe und auch niemand das Zimmer verlassen sollte. Er schraubte stufenweise das Licht des alten staubigen Kronleuchters herunter, bis die gewünschte gedämpfte Atmoshäre herrschte.

Da wurde ein leises Knacken an der Türe hörbar. Maria Magdalena trat mit schwebendem Gang ein. Sie trug ein langes hellblaues Kleid, ihre grauen Haare wurden durch zwei braune Kämme nach hinten festgehalten, und das blasse Gesicht war leicht geschminkt. Mit einem dezenten Rouge hatte sie versucht, ihren hervorstehenden Backenknochen das Eckige zu nehmen. Sie setzte sich, und ihre gespitzten Lippen preßten ein „Guten Abend!" hervor. Ihre dunklen Kinderaugen zeugten von einer bedingungslosen Hingabe an die jenseitige Welt, aber darin widerspiegelte sich ebenfalls der Einfluß der Dämonen, die von dieser Seele Besitz ergriffen hatten.

Die Gesichter der Zwillingsschwestern waren vor Erregung rot angelaufen, und eine beklemmende Unruhe flackerte in ihren Augen.

Maria Magdalena faltete andachtsvoll ihre Hände und betete in blutleeren Worten das Vaterunser. Dann hieß sie die geistige Welt willkommen und bat sie, ihren Körper als Instrument anzunehmen.

Ein feines Schütteln durchfuhr ihre Glieder – der Kontakt war hergestellt. Ihr Gesicht war entstellt und ihre Augen bekamen den starren Blick einer Besessenen. Ich fühlte, wie Mister Romanefski einen lichten Schutzmantel um mich legte. Seine unsterbliche Seele hatte Leben und Tod und somit auch das Diesseits und das Jenseits überwunden. Er war für die Geister auf der anderen Seite des Schleiers unantastbar und unsichtbar. Ohne daß Fragen gestellt wurden, begann der Kontrollgeist durch Maria Magdalena zu sprechen, anfangs verzerrt und hastig, doch dann hatte er den passenden Rhythmus gefunden, sich in dieser Welt auszudrücken. Er richtete vorerst das Wort an die ältere elegante Dame: „Mach dir keine Sorgen um mich, es geht mir gut", sprach die Stimme und fuhr fort: „Es ist gut, daß du das Pferd verkauft hast, schenke meine goldene Uhr unserem Großkind." „Das ist mein Mann", hauchte die Frau glücklich und verblüfft, „er ist vor einem Monat gestorben."

Mister Romanefski berührte sanft mein Knie; ich verstand seine Aufforderung. Er wußte vom ersten Augenblick an, als er mich sah, daß ich das doppelte Gesicht besaß, das heißt, daß ich gleichzeitig die Geschehnisse des Diesseits und des Jenseits zu beobachten vermochte.

Ich veränderte nun meinen Blickwinkel und schaute in die feinstoffliche Welt hinein. Über der Dame schwebte ein schemenhaftes Wesen, das diese oberflächlichen Informationen den feinstofflichen Körpern der Dame entnahm, samt der Stimme ihres verstorbenen Mannes, und sie durch Maria Magdalena, die von alledem nichts mitbekam, wiedergab.

Mein Hirn schrie auf, denn auf der anderen Seite des Schleiers hatte sich ebenfalls eine kleine Gemeinschaft

von Geistwesen gebildet, die ihre ganze Aufmerksamkeit auf uns richtete. Sie konzentrierten sich auf Maria Magdalena, dadurch wurde uns allen Lichtäther, Lebensenergie, entzogen. Im Zimmer wurde es merklich kühler. Außer Mister Romanefski und mir wußte niemand von diesem abscheulichen Schmarotzertum, das diese niederen gefangenen Seelen mit uns trieben.
Die Stimme des Kontrollgeistes wandte sich nun dem Pseudokünstler zu und sprach: „Die geistige Welt segnet dich, du wirst deinen lang erwarteten Erfolg haben. Denke immer an uns, wir unterstützen dich." Der Maler rutschte vor Aufregung unruhig auf dem Stuhl hin und her, und seine Augen glühten vor Begeisterung.
Unerwartet richtete der Kontrollgeist das Wort an mich, doch in dem Augenblick setzte Mister Romanefski mit seiner Seelenkraft dem Spuk ein Ende, und sogleich fiel Maria Magdalena aus der Trance. „Was ist geschehen? So kurz war die Sitzung noch nie", sagte Mister Bernard mit erschreckter Stimme. Die Zwillingsschwestern schnaubten laut vor Enttäuschung, hatten sie für sich doch auch eine Botschaft aus der geistigen Welt erwartet.
Maria Magdalena saß wie betäubt da und stammelte, sie werde noch einmal versuchen, mit der geistigen Welt Kontakt aufzunehmen. Mit süßer Stimme flötete sie verschiedene Gebete, doch nichts half.
„Warum meldet sich niemand?" fragte Mister Bernard außer sich. Maria Magdalena war ratlos. Mit bebender Stimme erklärte sie den Anwesenden: „Wir müssen für heute Schluß machen, aber bitte kommen Sie morgen

Abend wieder; wir werden die Sitzung nochmals durchführen.“ Mit diesen Worten verließ sie den Raum mit Tränen in den Augen.
„Ich hoffe, daß Sie nicht allzu sehr enttäuscht sind, Mister Mongrave, es ist das erste Mal, daß Maria Magdalena auf solche Weise aus der Trance fällt, ich kann es mir gar nicht erklären“, wandte sich Mister Bernard mit unsicherer Stimme an mich.
„Das ist nicht schlimm, wir kommen vielleicht ein anderes Mal wieder“, tröstete ich ihn, um ihn nicht zu verletzen. Aber für mich stand fest: einmal und nie wieder! Ich hatte nun klar gesehen, auf welch abscheuliche Art und Weise die jenseitige Welt das diesseitige Lebensfeld manipulierte und ausnutzte. Die anderen Mitglieder zeigten alle Anzeichen der Müdigkeit, was sie wohl auf die Aufregung des Abends zurückführten, doch ich wußte es besser. Mir war nun klar, wieso Mister Romanefski wollte, daß ich diese Erfahrung machte.
Mister Bernard begleitete uns zur Türe und entschuldigte sich noch einmal für das unbegreifliche Ereignis. Gelassen ließ ihn Mister Romanefski wissen, daß er volles Verständnis habe und keineswegs enttäuscht sei. Mister Bernard atmete erleichtert auf, aber er hatte die wahre Aussage Mister Romanefskis nicht mitbekommen.
Stillschweigend gingen wir die menschenleere Straße hinunter. Feurige Gedanken glühten in meinem Geiste. Wie dünn doch dieser Schleier zur jenseitigen Welt war! Das Wissen, daß diese zwei Welten ihren Ursprung in meinem Wesen hatten, daß das Resultat meiner ichbezogenen Verstrickungen mit dieser materiellen Schein-

welt war, ließ meine Seele in Not aufschreien. Wie ein mächtiges loderndes Feuer brannte der Wunsch in mir, mich aus diesen zwei degenerierten Lebensfeldern, die einander bedingten, zu befreien.

Die Last der dunklen Schatten auf meiner Seele drückte schwer. Die Seelenfluiden mußten in ewiges Licht transfiguriert werden. Wie ein Blitz durchfuhren mich abermals die Worte Mister Romanefskis: „Sie haben vor langer Zeit ein Gelübde abgelegt, das zur Lichtgeburt verpflichtet." Immer wieder hatte ich das große Gesetz vergessen und meiner Seele erlaubt, in einen Halbschlaf zurückzufallen.

„Kommen Sie noch für eine Weile zu uns?" fragte mich Mister Romanefski. Diesen Vorschlag nahm ich gerne an, und ich bedankte mich, daß er mir diese aufschlußreiche Erfahrung ermöglicht hatte. Er fügte hinzu: „Die Menschheit ist in einem kollektiven Weltkarma miteinander verknüpft und wird von dieser wie in einem traumartigen Zustand gelebt." Er hatte wohl die Gedanken, die mich beschäftigten, gelesen.

Natascha erwartete uns bereits und gab uns zu verstehen, daß sie eine kleine Mahlzeit für uns vorbereitet hätte, da sie ahnte, daß wir bald zurückkommen würden. Während sie noch mit dem Zubereiten des Essens beschäftigt war, führte mich Mister Romanefski in ein anderes Zimmer, um mir seine umfangreiche Ikonensammlung, die schon seit fünf Generationen im Besitz der Familie war, zu zeigen.

Danach setzten wir uns auf ein Sofa, und Mister Romanefski begann mit leiser, bedachtsamer Stimme zu erklären: „Wissen Sie, Mister Mongrave, „Romanefski“ ist eigentlich nicht unser richtiger Name. Mein Vater hat als politisch Verfolgter diesen Namen angenommen, und wir haben ihn behalten, obwohl das zum jetzigen Zeitpunkt nicht mehr nötig wäre. Es würde nur unnötige Komplikationen verursachen, den Namen wieder zu wechseln. Da ist aber noch etwas anderes, das ich Ihnen gerne sagen möchte. Ihr offenes Verhalten meiner Tochter gegenüber macht mich sehr glücklich. Ich weiß, daß Sie ihr viel bedeuten. Betrachten Sie dieses Bild dort drüben an der Wand, wissen Sie, wer das ist?“ fragte er mich. „Ja, das ist Natascha“, erwiderte ich mit Überzeugung. „Nein, werter Mister Mongrave, das war ihre Mutter.“

Verblüfft schaute ich das Bild an, und dabei dachte ich über seine Worte nach, die er über mich und Natascha gesprochen hatte. Vollen Herzens bestätigte ich ihm, daß seine Tochter auch mir sehr viel bedeute. Ein Gedanke zermarterte mein Herz, da ich wußte, daß Natascha an derselben Krankheit litt wie ihre jung verstorbene Mutter. Ich haderte mit meinem merkwürdigen Schicksal, das mir endlich mein wahres Gegenüber geschenkt hatte, von dem ich mich, wie ich wußte, bald wieder trennen mußte. Ich ärgerte mich gleichzeitig über mein Selbstmitleid und nahm mir fest vor, solchen Gedankengängen nie mehr Nahrung zu schenken. Natascha hatte sich mit der unwiderruflichen Tatsache ihres baldigen Sterbens vollkommen abgefunden und den Schritt ins ewige Lichtfeld getan. Ich hatte kein Recht, sie mit mei-

nen egoistischen Gedanken an diese Todesnatur zu ketten.
Nach dem Essen zog sich Mister Romanefski zurück und ließ uns allein.
So vieles wollte ich ihr sagen, aber eine unsichtbare Hand würgte meine Kehle zu, so daß ich kein Wort hervorbrachte. Ich kam mir wie ein scheuer Knabe beim ersten Rendezvous vor, wie ein Eisklotz, der sich wehrte, in der Sonne zu schmelzen.
„Mister Mongrave, ich hoffe von ganzem Herzen, daß uns genügend Zeit bleibt, damit wir uns näher kennenlernen können", sprach sie. Der Pulsschlag und das Rauschen des Blutes in meinen Adern schienen mir so laut, daß ich mich fragte, ob sie es hören konnte.
Ich entkrampfte mich und erwiderte: „Sie haben die Worte ausgesprochen, die schon seit Anfang unserer Begegnung in meiner Seele brannten, doch habe ich nie gewagt, sie auszusprechen. Sie machen mich zu einem glücklichen Mann."
Sie gab mir ihre sanfte Hand, und lange saßen wir schweigend da in der Hoffnung, den Pulsschlag der Zeit verlangsamen zu können. Erst spät in der Nacht begab ich mich auf den Heimweg.

Stunde der Engel

Auf der Kante des Bettes sitzend, schaute ich durchs Fenster auf die Straße hinunter, wo eine Frau, die sich wie eine verschlafene Katze bewegte, vorbeiging. Die seltsame Ausstrahlung der mondlosen Nacht übte eine eigenartige magische Wirkung auf mich aus. Welch merkwürdiges Leben ich in der Gemeinschaft mit unzähligen Lebewesen und Kreaturen in diesem mächtigen kosmischen Behälter führte, dachte ich.

Das Feuer im Kamin flackerte rastlos, als ob es meine innere Wandlung bemerkt hätte. Warum hatte ich Mühe, das aufbrechende Gefühl des Glücklichseins zuzulassen? War es die Angst vor der Enttäuschung der vielen Umarmungen und leeren Versprechungen, die, ohne daß ich mir dessen bewußt gewesen war, einen kühlen Schutzmantel um mein Herz gelegt hatte? War es die Angst, die alte Natur wieder zum Aufflackern zu bringen, da sich der Begierdenspiegel nach langem endlich beruhigt hatte?

Im Bett liegend, versuchte ich diese Gedanken zu verscheuchen. Aber es wollte mir nicht gelingen. Ich wollte schlafen, doch der Denker dachte ohne mein Einverständnis weiter. Es war schon lange hell, als ich erwachte; die feierliche Stille des Sonntagmorgens lag über der Stadt.

Nach dem Frühstück wollte ich endlich den Brief, den ich vom Arbeiter-Club erhalten hatte, beantworten. Sie baten mich darum, doch so freundlich zu sein, den Vortrag über die ägyptische Kultur zu wiederholen, da er auf großes Interesse gestoßen sei.

Mister Clive, der Apotheker, war Vorsitzender dieses Clubs, doch er besaß einen etwas zweifelhaften Ruf. Man munkelte, daß er nebenbei, um seinen Verdienst aufzubessern, ärztliche Tätigkeiten ausübte, die seine

Kompetenzen überschritten. Obwohl niemand genaueres wußte, nannte man ihn gerne im Verborgenen „den Quacksalber“. Ich wußte auch nie genau, woran ich mit ihm war. Manchmal hatte ich das Gefühl, daß er wußte, daß mein Interesse an Ägypten nicht dem Kulturellen, sondern dem goldenen verschleierten Hauch der magischen Einweihungsmysterien galt.
Durch ihn hatte ich eine merkwürdige Bekanntschaft gemacht, von der ich bis zum heutigen Tag nicht wußte, ob das Treffen mit Absicht arrangiert worden war.
Einige Monate zuvor hatte ich eine Einladung von einem exklusiven Gentlemen's Club erhalten, wo nur die feudale Oberschicht Zutritt hatte, diesen Vortrag über Ägypten zu hören.
Während des Vortrages fiel mit ein älterer nobler Herr auf. Er trug am Mittelfinger der rechten Hand einen großen goldenen Ring, in dessen Fassung ein leuchtender Amethyst strahlte. Er war außerordentlich charismatisch und besaß einen stechenden, alles durchdringenden Blick. Ich bemerkte, daß er ein außerordentlich aufmerksamer Zuhörer war, dem kein einziges Wort entging. Er besaß die Konzentration, jeden Satz bis in die tiefsten Tiefen zu ergründen.
Mir war sofort klar, daß es für mich unumgänglich war, seine Bekanntschaft zu machen. Was mich stutzig machte, war die Tatsache, daß Mister Clive zu diesem Club Zugang hatte und daß er vor meinem Vortrag mit diesem mysteriösen Herrn ein längeres Gespräch unter vier Augen führte. Ich wurde den Verdacht nicht los,

daß er der Drahtzieher dieser Begegnung war, aber was steckte dahinter?
Tatsächlich: kaum hatte ich den Vortrag beendet, kam Mister Clive auf mich zu, gratulierte mir für die Ansprache und lud mich in einen anderen Raum des Clubs zu einer Erfrischung ein. Er fügte hinzu, er wolle mir jemanden vorstellen.
Im großzügig eingerichteten Raum saßen Männer in großen Ledersesseln allein oder in kleineren Gruppen. Zwei spielten Schach, während ein anderer die Tageszeitung las und gemütlich den süßlichen Rauch aus seiner Tabakpfeife in die Luft paffte. In erlesenem Englisch und in dezentem Ton wurde über Politik gesprochen. Einige, die den Vortrag gehört hatten, nickten mir anerkennend zu. Mister Clive führte mich zum hinteren Ende des Raumes, wo mich der Unbekannte erwartete. Alles lief folgerichtig ab, als ob jemand eine Steuerung in mich eingebaut hätte.
„Mister Mongrave, ich möchte Ihnen Sir Arthur Cunningham vorstellen! Sir, das ist Mister Mongrave“, sagte Mister Clive. Dabei fiel mir in seiner Haltung etwas Unterwürfiges auf. Sir Arthur Cunningham war aufgestanden und reichte mir die Hand: „Willkommen im Gentlemen's Club, bitte setzen Sie sich.“ Sein kantiges Gesicht zeugte von starkem Charakter und unbeugsamem Willen. Seine silbergrauen Haare standen in abgestimmtem Kontrast zu seinem eleganten dunkelblauen Anzug. „Darf ich Ihnen etwas zum Trinken anbieten? Sie sind nach der Rede sicher durstig“, sagte er höflich. „Gerne würde ich ein Mineralwasser trinken“, entgeg-

nete ich. Kaum hatte ich den Wunsch geäußert, machte er eine kleine Handbewegung, und schon stand ein Butler da: „Sie wünschen, Sir?“ Nachdem Sir Cunningham die Bestellung aufgegeben hatte, sagte er: „Ihr Vortrag hat mir sehr gut gefallen! Gehe ich recht in der Annahme, daß Sie sich aber vor allem für die Magie der alten Kultur interessieren?“ Durch die Direktheit der Frage gab er mir keine Möglichkeit, ihr auszuweichen.
Mit derselben Spontanität kam meine Antwort, die mich selbst verblüffte: „Sie haben recht, schon seit vielen Jahren befasse ich mich mit der Magie, manchmal habe ich das Gefühl, daß ich das alles schon kenne und daß es nur ein Wiedererinnern dieser alten Praktiken ist“.
Da leuchtete es in den Augen meines Gegenübers auf: „Werter Mister Mongrave, wir haben viel Gemeinsames, es wäre interessant und wohl für beide lehrreich, wenn wir unsere Kenntnisse vergleichen könnten. Sie tragen unverkennbar noch die atlantischen Signaturen in sich. Diese Erinnerungen kann man leicht wecken und wieder voll bewußt machen“, erklärte er.
Etwas Seltsames regte sich bei seinen Worten in meinem Blut. Es schien, als ob uns ein geheimnisvolles Schicksal verband, eine rätselhafte Anziehungskraft ließ mich nicht mehr los.
Doch schon hatte er weitergesprochen: „Wissen Sie, Mister Mongrave, wir gehören einer besonderen Kultur an, und alle, die wiedergefunden werden durch die Äonen der Zeiten schließen sich immer enger zusammen. Wir sind eine größere Gemeinschaft von Gleich-

gesinnten, in die ich Sie gerne einführen möchte. Ich könnte für Sie Bürge sein, denn das ist die einzige Möglichkeit, daß Sie in unseren Geheimbund aufgenommen werden. Gerne würde ich Ihre Ausbildung in die Hand nehmen, denn bevor nicht alle Chakras (Geistzentren) voll aktiviert sind und ihre Konzentrationskraft vom Überwillen geleitet wird, sind Sie für den Eintritt in die Gemeinschaft nicht geeignet. Aber dies ist nicht der richtige Ort, um weiterzusprechen, geben Sie mir Ihre Adresse, ich werde Ihnen morgen Abend meinen Fahrer schicken, damit er Sie abholt. Ich brauche Sie nicht darauf aufmerksam zu machen, daß dieses Gespräch unter uns bleiben muß. In unserer Gemeinschaft gibt es außerordentlich einflußreiche Leute", fügte er zum Schluß fast drohend hinzu.
Am nächsten Abend stand der Fahrer mit einem silbergrauen Rolls-Royce vor meinem Haus. Wortlos fuhr er in einer mehr als einstündigen Fahrt stadtauswärts zum großen Landsitz von Sir Arthur Cunningham. Der Hausherr stand vor der Tür und hieß mich willkommen. Neben ihm standen ein Butler mit aufgesetzter ernster Miene und eine Haushälterin mit umgebundener weißer Schürze und einem Häubchen auf dem Kopf. Aus kleinen neugierigen Augen musterte sie mich von oben bis unten und nickte dabei unaufhörlich mit dem Kopf. „Servieren Sie uns den Tee im Salon", sagte der Hausherr zum Butler," dann können Sie sich beide für heute Abend zurückziehen." Der Salon war äußerst geschmackvoll eingerichtet. Kostbare Bilder von bekannten Malern zierten die Wände, und im großen weißen

Kamin knisterte ein wärmendes Feuer. Altgoldfarbene breite Sessel waren geschmackvoll auf die Tapete abgestimmt.
„Ich habe dieses Haus vor sechzehn Jahren gekauft, es ist ein bißchen groß für mich allein, denn es hat zwölf Zimmer, aber hier habe ich meine Ruhe“, erklärte er mir. „Kommen Sie, ich werde Ihnen mein Studierzimmer zeigen“, lud er mich ein. Ich folgte ihm durchs Haus eine Treppe hinunter ins Untergeschoß, wo er einen Schlüssel aus der Tasche nahm und eine Türe öffnete: „Bitte treten Sie ein“, forderte er mich auf.
Erstaunt blickte ich umher. An der großen Wand am unteren Ende des Zimmers war genauestens unser ganzes Sonnensystem mit allen Planeten und Monden aufgemalt. Sämtliche Bahnen und Umlaufzeiten der Planeten waren angegeben. Das Bild war mit einem Tiefeneffekt versehen, so daß man den Eindruck hatte, in einen unendlichen Raum hineinzusehen. Auf der anderen Seite des Zimmers hing ein großes Bild, das einen Alchemisten bei seiner Arbeit im Labor zeigte.
Viele Kultgegenstände aus verschiedenen Kulturen lagen und standen herum. Sie waren alle benutzt und belebt worden und strömten höchst seltsame Energien aus. Auf einem Tisch stand eine große Kristallkugel, und davor lag ein altes ägyptisches Tarotkartenspiel.
Wir setzten uns, und er begann mir die Strahlengesetze des solaren Körpers und den Zugang zu den Elementen zu erklären. Er besaß die außerordentliche Fähigkeit, die Analogien zwischen dem Großen und dem Kleinen darzulegen.

Ich vergaß völlig, wo ich war, gefangen von seinen präzisen Erklärungen. Er mußte eine außerordentliche okkulte Schulung genossen haben. Dann kam er zu mir und berührte mich an zwei Stellen des Körpers. Augenblicklich reiste ich beflügelt auf magnetischen Schwingungen Jahrtausende zurück in den atlantischen Raum. Bilder stiegen in mir hoch, die für mich an sich von wenig Interesse waren, doch die bildlosen Informationen der magischen Zusammenhänge erhellten mein Bewußtsein.
Die Reise war kurz und intensiv. Bald saß ich wieder voll bewußt auf dem Stuhl und schaute Sir Arthur Cunningham mit geläuterten Augen an. Er mußte meinen veränderten Gesichtsausdruck gesehen haben, doch was er nicht wußte war, daß mir tiefgreifende Zweifel an seiner Arbeit kamen. Irgend etwas elementar Wichtiges stimmte zwischen unseren inneren Wegen nicht überein. Sogleich hatte er meine Unsicherheit in meinem Augenspiegel erkannt und versuchte nun, mich von seiner Arbeit und der Gemeinschaft, der er angehörte, zu überzeugen.
„Schauen Sie, Mister Mongrave, ich werde Ihnen ein Beispiel der Wirksamkeit Gottes zeigen." Er nahm einen Blumentopf, der mit Erde gefüllt war, und aus einem Stoffsäcklein einen Blumensamen. Dann steckte er diesen vorsichtig in die Erde und deckte das Samenkorn mit Erdkrümeln zu.
Danach richtete er seine ganze Konzentrationskraft auf den Lebenskern des Samens, und zu meinem großen Erstaunen sproß bald ein Keimling aus der Erde und

nach wenigen Minuten stand eine ausgewachsene Blume im Topf.
Genauestens beobachtete er mein Gesicht, sah er in mir doch einen würdigen Zauberlehrling, doch da hatte er sich mächtig getäuscht, denn mit dieser Demonstration hatte er mir sein wahres Gesicht enthüllt.
Mir war nun klar, daß Sir Arthur Cunningham mit der finsteren Seite der unsichtbaren Welt arbeitete, er war Vertreter der linkshändigen Magie. Dieses Tal der Todesschatten hatte ich vor vielen Inkarnationen verlassen und meiner Seele die wahre lichte transfiguristische Richtung gegeben. Es mußten wohl noch gewisse Überreste dieses falschen Lichtes in mir vorhanden gewesen sein, die mich hierhergeführt hatten. Doch eines wußte ich mit Sicherheit: der alte Weg war endgültig in mir erloschen. Ein beklemmendes Gefühl umklammerte mein Herz. Er war ein Bote der Finsternis. Mir war bewußt, daß ich auf der Stelle einen klaren Entschluß fassen mußte.
Ich schüttelte den Druck von mir ab, stand auf und erklärte ihm, daß ich unverzüglich nach Hause zurückkehren wolle, da ich den Weg, den er ging, kannte und er heute nicht mehr mit meiner geistigen Entwicklung übereinstimmte.
Ein hämisches Grinsen spielte auf seinem Gesicht. Mit Mühe versuchte er seine Enttäuschung zu verbergen, und er gab mir mit Nachdruck zu verstehen, daß ich es ihm doch mitteilen sollte, falls ich es mir doch noch anders überlegen würde. Er konnte meinen Standpunkt weder verstehen noch akzeptieren, und mir war in dem

Augenblick auch nicht danach zumute, ihm näheren Aufschluß zu geben. Ich wußte auch, daß es verlorene Mühe gewesen wäre.
Das Geheimnis der goldenen Rose war ihm fremd, denn er kannte den verborgenen Weg, der zur Auferstehung im Lichte führte, nicht. Nein, zwischen uns gab es wahrhaftig keine Gemeinsamkeiten.
Als er mich zur Ausgangstüre begleitete, war sein Gesicht zu einer regungslosen Maske erstarrt, und als er mir die Hand reichte, durchzuckte mich der Schreck, denn sie war leichenkalt.
Viele unruhige Nächte und dunkle Träume hatten mich seit dieser Begegnung verfolgt. Doch seitdem ich Romanefskis kennengelernt hatte, waren diese Zustände allmählich verblaßt. Sie waren lebendige Zeugen, Hierophanten des Lichts.
Alte Kräftestrukturen waren in meiner Seele immer wieder aus meiner nebelhaften Urvergangenheit emporgestiegen und wollten sich in der Gegenwart ausdrücken. Doch durch die Bekanntschaft mit Sir Arthur Cunningham und meinen Entschluß, diesen Einflüssen Einhalt zu gebieten, hatte sich nun endlich eine Wende vollzogen, und diese alten Lichter waren endgültig erloschen.
Ich dachte an Natascha und verscheuchte damit die düsteren Erinnerungen. Im Geiste malte ich mir Bilder aus, wie ich mit ihr durch den grünen Park spazierte. Ich saß am Küchentisch und aß lustlos. Ein Spatz landete auf dem Fenstersims und schaute aufgeregt zwitschernd auf meinen Teller. Mit seinem Schnabel pochte

er ans Fenster. Beim kratzenden Geräusch, das sich dabei ergab, flog er panikartig davon.
Am späten Nachmittag spazierte ich in Gedanken versunken durch den Park und bewunderte das frisch sprießende Laub. Einmal stutzte ich kurz, denn aus der entgegengesetzten Richtung kamen mir Mister Clive mit seiner Frau am Arm entgegen. Eigenartig, dachte ich, heute Morgen habe ich an ihn gedacht. Ich war froh, ihn zu treffen, denn das würde mir, wie vorgehabt, den Brief an den Arbeiter-Club ersparen.
„Guten Tag, Mister Mongrave, haben Sie meine Einladung schon bekommen?“ fragte er mich.
„Danke, ja, wir könnten doch gleich ein Datum abmachen“, erwiderte ich, und damit war er einverstanden.
„Sie sehen blaß aus, Mister Mongrave, Sie sollten doch endlich wieder heiraten, damit Sie jemanden haben, der für Sie sorgt“, meinte Mrs. Clive in wohlwollend-besorgtem Ton. Obwohl sie zehn Jahre älter war, sah sie viel jünger aus als ihr Mann, und sie war auch viel dynamischer als er. Wir unterhielten uns noch eine Weile, doch mit keinem Wort erwähnte er Sir Arthur Cunningham. Aber ich entdeckte eine Unsicherheit in seinem Wesen, die ich bei ihm noch nie gesehen hatte; wir kannten uns ja schon viele Jahre. Ich konnte mir seine Verbindung mit Sir Arthur Cunningham immer weniger erklären, und noch weniger konnte ich mir vorstellen, daß er Mitglied dieses Geheimbundes war.
„Kommen Sie doch wieder einmal zu uns zum Essen“, lud mich Mrs. Clive ein. „Das würde uns freuen“, erwiderte er, doch diesmal hatte ich ihn an seinem bitteren,

verbissenen Lächeln entlarvt, und ich war mir sicher, daß er sich dessen bewußt war.

„Zur Zeit bin ich sehr beschäftigt, aber ich sehe Sie ja dann beim Vortrag“, erwiderte ich ausweichend. Wir verabschiedeten uns, und ich betrat das kleine Restaurant, in dem ich zum letzten Mal mit Natascha gewesen war. Der Kellner hatte mich erspäht und kam auf mich zu: „Aaaah, wie geht es Ihnen, kommen Sie heute allein?“ fragte er in zweideutigem Ton. Seine pomadigen, nach hinten gekämmten Haare glänzten matt und rochen nach Fett. Die lüsternen Blicke, mit denen er Natascha bedacht hatte, waren nicht zu übersehen gewesen, sein Innenleben floß in einem ununterbrochenen triebhaften Gedankenstrom.

Ich ignorierte seine Frage und gab meine Bestellung auf. Mit beleidigter Stimme fragte er mich zynisch: „Kann ich Ihnen sonst noch etwas bringen?“

„Gerne, bringen Sie mir doch die Sonntagszeitung“, sagte ich ruhig, und das ärgerte ihn nur noch mehr. Desinteressiert blätterte ich darin, doch ein Bild zog meine Aufmerksamkeit wie ein Magnet auf sich.

Tatsächlich, es war Sir Arthur Cunningham mit mehreren bekannten Politikern. Er wurde als Wohltäter gefeiert, da er eine große Summe Geldes für einen wohltätigen Zweck gestiftet hatte. Der Artikel berichtete weiter, daß er viele Ländereien besaß und daß sein verstorbener Vater, Sir Edward Cunningham, bei der Kolonialisierung in Afrika und Indien eine wichtige Funktion innegehabt habe und dafür vom Königshaus ausgezeichnet worden sei.

Beim näheren Betrachten des Bildes erschrak ich, denn unmittelbar hinter Sir Arthur Cunningham stand ein älterer Herr, an dessen Mittelfinger der rechten Hand der gleiche Ring steckte, wie ihn Sir Arthur Cunningham trug.
Ich drehte das Bild auf alle Seiten, um zu sehen, ob noch andere Anwesende einen solchen Ring trugen, aber die Hände waren nicht klar sichtbar.
Immer deutlicher wurde mir der Machthunger dieser geheimen Gesellschaft. Die Cunninghams waren eine alte traditionsverbundene Familie, die fest mit der Aristokratie verbunden war. Immer weniger konnte ich verstehen, weshalb er mich in diese Geheimgesellschaft einführen wollte.
Ich spazierte den Weg zurück durch den Park, eingeschüchtert durch die Macht dieser Gemeinschaft. Der metallene Klang des Klapperns von Hufeisen an meiner Seite schreckte mich aus meiner geistigen Abwesenheit. Eine elegant gekleidete Dame in voller Reitmontur ritt in kerzengerader Haltung an mir vorbei und schaute mit einem kurzen, fast verächtlichen Blick auf mich herunter. Der Schimmel schnaubte kurz, als wolle er mir verständlich machen, daß auch er aus gutem Stall stamme.
Ein lautes Knurren meines Magens gab mir zu verstehen, daß er ungeduldig auf etwas Substantielles warte. Ich stand vor dem Fish-and-Chips-Shop. „Guten Tag, was wünschen Sie“, fragte mich das dicke Weib mit den wässrigen hervorstehenden Augen. Sie trug immer dieselbe Schürze, die von Öl- und anderen Flecken

starrte. Neben ihr stand ihre Tochter mit den vielen Gesichtern und dem tragischen Lächeln, immer darauf bedacht, ihre sinnlich-verführerische Natur zur Geltung zu bringen.
Ich eilte nach Hause, öffnete das Zeitungspapier, in dem der Fisch eingewickelt war, und genoß die Mahlzeit, die sehr schnell verzehrt war. Der Fisch hatte seine letzte Reise hinter sich, die Magensäfte arbeiteten auf Hochtouren.
Bequem in meinen alten Sessel zurückgelehnt, las ich über die ägyptische Frühgeschichte. Mister Smith, der in der Nähe einen kleinen Trödlerladen besaß, hatte mir versprochen, mir einige altägyptische Schriften zu besorgen. Ich mußte unbedingt wieder einmal dorthin, um nachzusehen, ob er sie erhalten hatte. Wie kochendes Wasser sprudelten unzählige Gedanken in meinem Kopf und raubten mir die Konzentration. Das Buch fiel zu Boden, das Buchzeichen flatterte unter den Stuhl.
Ich hob das Buch auf und öffnete es aufs Geratewohl, viel weiter hinten, als ich bisher gelesen hatte. Es war eine Studie der Armana-Zeit, die etwa tausenddreihundert Jahre vor Christus ihre Blütezeit hatte. Ich stieß auf den Namen des damaligen Pharaos, Echnaton, und konnte aus unerklärlichen Gründen nicht mehr weiterblättern. Unaufhörlich wiederholte sich der Name in meinem Gehirn, wie ein Echo aus fernen vergangenen Zeiten. Eine heftige Bewegung ergriff mein Blut, es war, als ob sich ein Geheimnis aus dem Urgrund meines Wesens lüften wollte, doch ich war nicht imstande, die Botschaft zu entschleiern. Eines wußte ich mit Sicherheit,

mit diesem Namen war die Flamme der Weisheit verbunden. Ich war wie gebannt von diesem ungewöhnlich starken Erlebnis.

Bis spät in die Nacht hinein las ich wie von unerklärlichen Kräften gefesselt. Ich mußte unbedingt ins British Museum, um mir ein besseres Bild dieser Epoche zu machen. Vielleicht würde sich dann mein Bewußtsein erhellen und mir diese starke Anziehungskraft erklären.

Als ich am nächsten Morgen erwachte, sog ich begierig die frische Morgenluft ein, die durchs leicht geöffnete Fenster ins Zimmer strich. Obwohl die Sonne ihr strahlendes Antlitz noch nicht am dunkelblauen Himmelszelt zeigte, war es schon hell.

Draußen auf der Straße hörte ich die ersten Handwerker vorbeigehen. Obwohl ich sie noch nie gesehen hatte, kannte ich die Schritte und die rauhen Stimmen eines jeden. Täglich um halb sieben Uhr gingen sie hier vorbei.

Die starken Erinnerungen an den Vorabend hingen wie Restbestände durchsichtiger Wattewolken in meinem Kopf. Heute wollte ich weiterlesen. Auch der Name der Gemahlin des Pharaos hatte sich wie eine Leuchtspur in mein Herz gelegt. Den ganzen Tag saß ich über dem Buch, völlig meine Umgebung vergessend. Wie in einem zeiträumlichen Vakuum war ich in diese Epoche eingeschlossen. Doch je mehr ich las, um so frustrierter wurde ich auch, denn das, was ich suchte, fand ich nicht, und dazu kam, daß ich gar nicht genau wußte, was ich eigentlich suchte. Wie ein kaltes Fieber strömte diese Frustration durch mein Blut.

Irgend etwas entging mir; ich entschloß mich, zu Mister Smith dem Trödler, zu gehen, denn ich brauchte frische Luft und Bewegung. Frauen mit schweren Einkaufstaschen schleppten sich mühsam keuchend die Straße hinunter. Zigaretten in den Mundwinkeln und Lockenwickler in den Haaren zeigten ihre Herkunft. Sie wohnten am Ende der Straße in den billigen Sozialwohnungen.
Eine Gruppe bunt angezogener arbeitsloser Schwarzer mit haßerfüllten Augen ging an mir vorbei, eine mächtige Alkoholfahne hinter sich herziehend. Ihre aussichtslose Lage nährte kriminelle Gedanken in ihren Köpfen.
Beim Öffnen der Türe des Trödlerladens erklang ein feines Glockenspiel, das Signal für Mister Smith, daß jemand den Laden betreten hatte. Doch schwerhörig, wie er war, hörte er diese feinen Töne selten. Ich ging durch den kleinen staubigen Laden, der zum Platzen mit unzähligen Dingen angefüllt war. Die meisten Objekte standen seit Jahren unverkauft an der gleichen Stelle und dienten inzwischen mehr der Dekoration. Da waren alte Puppen mit menschenähnlichen Gesichtern, Schwerter und Pistolen aus vergangenen Zeiten, eine tickende Holzpendüle, ein Kupferkessel und viel Krimskrams.
Ich zog den Vorhang zurück und betrat das kleine Hinterzimmer, in dem Mister Smith an einem überladenen Tisch saß und die Scherben einer zerbrochenen Porzellanvase sorgfältig zusammenklebte.
Behutsam näherte ich mich, um ihn nicht zu erschrek-

ken. Dieser spindeldürre bucklige Mann mit dem schütteren weißen Haar kam mir selbst immer wieder wie eines der vielen unverkäuflichen Objekte im Laden vor. Er erinnerte mich an die Zinnsoldaten, mit denen ich als Kind gespielt hatte.
Langsam ging ich um den Tisch herum, bis er mich sah. „Aaah, Sie sind es, Mister Mongrave", hüstelte er aus trockener Kehle, „ich habe Sie gar nicht eintreten hören." Wie immer trug er ein weißes gestärktes Wams. Aus einer Seitentasche hing eine kleine goldene Kette, an der die kostbare Taschenuhr, die er von seinem Vater geerbt hatte, befestigt war.
Seine müden Augen schauten mich mit einem entschuldigenden Blick an: „Tut mir leid, Mister Mongrave, ich habe Ihre Schriften noch nicht erhalten, aber schauen Sie doch einmal im Bücherantiquariat nach. Dort steht eine Kiste voller Bücher, vielleicht finden Sie dort etwas Interessantes. Ich hatte noch keine Zeit, sie mir anzuschauen. Aber wissen Sie, alle wollen mir immer etwas verkaufen, und niemand will kaufen", jammerte er. An diesen letzten Satz hatte ich mich bereits gewöhnt, er klagte immer, als ob er kurz vor dem Konkurs stand. Er lebte äußerst sparsam und gönnte sich kaum etwas, doch von einer seiner Verwandten hatte ich vernommen, daß er sich im Laufe der Jahre ein Vermögen zusammengespart hatte. Wenn man ihn daraufhin ansprach, wurde er wütend und nannte alle Lügner, die solche Gerüchte verbreiteten.
Ich stöberte in den alten muffig riechenden Büchern herum, die in großen Kartonschachteln lagen. Kriminal-

geschichten, Liebesromane, ein Diät-Kochbuch, ein vergammeltes Buch von Shakespeare – seit Monaten lagen sie da und warteten geduldig auf einen Abnehmer.

„Ich sehe keine neuen Bücher, Mister Smith“, gab ich ihm zu verstehen. Ich hörte, wie er den Stuhl zurückschob und sich zu mir in den Laden bemühte. „Nicht da, Mister Mongrave, kommen Sie, ich zeige sie Ihnen.“ Mit diesen Worten zog er auf der anderen Seite eine offene Holzkiste unter einem Regal hervor und schleppte sie vor meine Füße.

„Die sind es, eine ältere Dame und ein Herr, die ich noch nie zuvor gesehen habe, brachten sie mir kürzlich.“ Sogleich zog er sich wieder in sein Arbeitszimmer zurück. Ich zog einen Sessel heran und nahm ein Buch nach dem anderen zur Hand.

Da lagen ein Buch über Astrologie, „Mein Kampf“ von Adolf Hitler, eines übers englische Königshaus und mehrere mir bekannte Romane. Nichts, was mich sonderlich interessiert hätte. Doch das unterste Buch stach mir wie eine brennende Nadel ins Auge. Es war in schwarzes Leder gefaßt, auf dem Buchdeckel war ein goldener sechszackiger Stern eingeprägt, dessen Bedeutung mir bekannt war. Wie von einer kranken Vorahnung getrieben, nahm ich es in die Hand und öffnete es. Das Buch stammte von einer Sekte, die sich dem Satanskult widmete.

Eine lähmende Kälte kroch sogleich in meine Seele, mir war, als hörte ich Stimmen aus der Ferne, das hechelnde Keuchen der Dämonen. Ein Bann des Unheils breite-

te sich im Zimmer aus, und schattenhafte Schemen huschten durch den Raum.
Aus dem Kern meines Wesens kam eine helle Stimme, die mir den Impuls gab, das Buch sogleich wieder zu schließen. Meine strahlende Seelenkraft war stark genug, dieses Astralgesindel augenblicklich zu vertreiben. Ich war soeben im Begriff, das Buch beiseite zu legen, als der feine Klang der Türklingel ertönte. Ein hoher Geistlicher mit einem großen Kreuz auf der Brust trat herein und starrte mich wie hypnotisiert an, da ich das schwarze Buch immer noch in der Hand hielt. Er musterte mich mit einem stechenden Blick und murmelte in lateinischer Sprache ein Gebet, indem er das Kreuz fest in die Hand nahm. In seinen flackernden Augen brannte der Wunsch nach Inquisition, und dann donnerte er los: „Sie Gotteslästerer, Sie Abtrünniger. Schämen Sie sich!“ Totenbleich kam Mister Smith auf den Geistlichen zu und gab ihm zu verstehen, daß ich mit dem Buch nichts zu tun hätte, da er es mir zum Anschauen gegeben habe und daß er es erst kürzlich von ihm unbekannten Leuten erhalten habe. Der Geistliche beruhigte sich und sprach mich mit einem mechanisch monotonen Ton an: „Dann sind Sie ja einer von uns!“ Er schien es in seiner Position nicht für nötig zu halten, sich zu entschuldigen. In seiner überheblichen Art der Geistlichkeit wähnte er sich Gott näher als die normalen Sterblichen. Ohne den Zweck erwähnt zu haben, um dessentwillen er gekommen war, drehte er sich um und verließ erhobenen Hauptes den Laden.
Mister Smith zitterte am ganzen Leibe und stammelte

aufgeregt: „Was ist das für ein Mensch! Ich frage mich, wie er in seinem zynischen Hochmut das Wort Gottes lehren kann, das doch Liebe, Sanftmut und Toleranz verkündet."

„Regen Sie sich nicht auf, Mister Smith, das göttliche allmächtige Gesetz wird zu gegebener Zeit auch in ihm die nötige Korrektur vollziehen, denn Heuchelei kommt immer zu Fall", beruhigte ich ihn. Er nahm das Buch und sprach: „Ich werde es sogleich verbrennen."

Eine gute Idee, dachte ich, und folgte ihm ins Hinterzimmer, wo er das kleine Tor des silbrigfarbenen Gußofens öffnete. Mit einer Zange scheuerte er in der Glut und schüttete Kohle nach. Die kleinen Feuerzungen erwarteten ungeduldig die schwarze Nahrung.

Mister Smith zögerte keinen Augenblick. Er schob das Buch hinein und schloß eiligst das kleine Tor. „So, das hätten wir", meinte er erleichtert, doch oh Schreck! Dunkle schwarze Rußwolken schlichen träge aus den undichten Stellen des Abzugsrohrs, und darin verdichteten sich düstere Gestalten. Im Ofen wütete ein tobender Orkan. Ich nahm die rechte Hand von Mister Smith, der vor lauter Furcht zu einem Häufchen Elend zusammengeschrumpft war, in die meine.

„Bleiben Sie ruhig, diese Phantome können uns nichts anhaben", besänftigte ich den alten Mann. Mit einer mächtigen Explosion im Ofen endete der Spuk. Glücklicherweise hatte der Ofen diesen Knall ertragen.

„Nun ist es endgültig vorbei", tröstete ich ihn abermals; seine Hand war starr und eiskalt. Nach langem, als er endlich die Blutleere überwunden hatte, durch pani-

sche Angst verursacht, fiel er auf die Knie und betete laut. Dann wandte er sich mir zu und stammelte einige dankende Worte. Es roch stark nach Schwefel. Ich öffnete alle Fenster.
„Möchten Sie eine Tasse Tee mit mir trinken?" fragte er mich in seinem jämmerlichen Zustand. Gerne wäre ich nach Hause gegangen, doch ich konnte seine Einladung nicht ausschlagen, hätte er es doch nicht verkraftet, jetzt allein zu sein. Ein brennendes Verlangen zum Sprechen überfiel ihn. Er redete unaufhörlich, das überhaupt nicht seinem Charakter entsprach.
Er machte mir den Eindruck, als ob er durch diesen Vorfall um zehn Jahre gealtert wäre. Wir unterhielten uns sehr lange, aber mit keinem einzigen Wort erwähnte er das unheimliche Geschehnis, und erst jetzt bemerkte ich, daß er einen Schock erlitten hatte. Mit aller Kraft versuchte er das Geschehene als einen irrealen Traum zu verdrängen. Am späteren Abend begleitete ich ihn in seine kleine Wohnung, die im selben Haus über dem Laden lag. Erst als er im Bett lag und ich ihm immer wieder versichert hatte, daß nun alles in Ordnung sei, schlief er wie ein kleines hilfloses Kind ein.
Leise verließ ich seine Wohnung und trat auf die dunkle Straße hinaus. Mir war, als ob ich einen Monat in diesem Laden verbracht hätte, und ich fragte mich ebenfalls, ob das alles nicht doch nur ein böser Alptraum gewesen sei. Von Straßenlaterne zu Straßenlaterne tastete ich mich langsam durch die dunkle Nacht nach Hause.
Mit einer gähnenden, dumpfen Leere im Kopf saß ich noch lange im Lehnstuhl und dachte an Natascha. Mor-

gen wollte ich sie besuchen. Am nächsten Morgen, als ich beim Frühstück saß, klopfte es an der Türe und Clementine trat ein. „Guten Morgen, Mister Mongrave, Sie gefallen mir heute besser als das letzte Mal, Sie sind nicht mehr so blaß“, befand sie. Während sie im Wohnzimmer wütete, begutachtete ich im Bad meine Bartstoppeln, die mir mit ihrer Zweifarbigkeit ihr eigenes Bild ins Gesicht malten. Immer mehr graue Barthaare verdrängten die schwarzen, sie waren die stummen Zeugen eines unaufhaltsamen Alterungsprozesses. Dieses trügerische Spiegelbild, das bei jeder feinsten Bewegung mein Gesicht veränderte, brachte mich innerlich zum Lachen, denn ich kam zu dem Schluß, daß ich eigentlich nicht genau wußte, wie ich aussah. Bald darauf stand Clementine vor mir und beäugte mich mit ihren Knopfaugen, in Gedanken hatte sie bereits die hohle Hand geformt.
„Ich habe meine Arbeit beendet und Ihnen die Post hochgebracht, es ist ein Brief dabei. Danke und auf Wiedersehen, Mister Mongrave.“
Erst jetzt, da ich wieder allein war, schlichen Erinnerungen an den Vortag in mir hoch. Bevor ich zu den Romanefskis ging, wollte ich bei Mister Smith vorbeischauen. Sorgfältig öffnete ich den Brief, auf dem kein Absender stand. Es war eine Einladung von Mrs. Clive zum Abendessen in zwei Tagen. Auf alle Fälle wollte ich diese Einladung annehmen, denn eine innere Stimme sagte mir, daß es hier ein verborgenes Motiv gab.
Am frühen Nachmittag betrat ich den Laden von Mister Smith. Dieses Mal hatte er das feine Glockenspiel ge-

hört, denn in dem Augenblick, als ich das Hinterzimmer betrat, stand er stöhnend, seinen Rücken haltend, auf und sagte: „Mister Mongrave, schön, daß Sie vorbeikommen, der Vorfall von gestern hat mich ganz schön mitgenommen. Ich habe immer noch einen beklemmenden Druck auf dem Herzen, aber sonst geht es mir besser.“

„Da bin ich aber froh, Mister Smith, ich werde vielleicht in zwei Wochen wieder vorbeischauen“, sagte ich und verabschiedete mich. Beim Hinausgehen warf ich noch einen Blick auf den Gußofen, der dastand, als ob nichts geschehen wäre. Er hatte die Explosion der schwarzen Lektüre gut überstanden.

In aufgeräumter Stimmung klingelte ich bei den Romanefskis an der Türe. Ich hörte, wie sich der Schlüssel im Schloß drehte, und Natascha schaute mich freudigüberrascht an. „Wie schön, daß Sie uns besuchen, mein Vater ist leider nicht da, er wird erst heute Abend zurück sein. Aber, bitte, treten Sie doch ein.“

Ich erschrak, denn ihr Gesicht war wachsbleich, fast durchsichtig. Wir saßen oben in der Bibliothek in den tiefen Sesseln, und sie gab mir ihre warme Hand. Wie der Dampf aus dem Dampfkessel, bei dem man den Deckel abgehoben hat, so brodelte es aus mir heraus: „Werte Natascha, Sie waren unaufhörlich in meinem Herzen und in meinen Gedanken zu Hause. Mir ist, als ob sich unsere Seelen aufgelöst und zu einer einzigen verschmolzen hätten. Mein Gefühl sagt mir, daß unsere Seelen im großen Drama der Sterne schon viele Male zusammen gewesen sind.“

Ihr Händedruck verstärkte sich als Zeichen innerer Zustimmung. Wortlos saßen wir da. Die kleine rosafarbene Jugendstillampe verbreitete ein spärliches, aber warmes Licht.
Eine unendliche Stille umhüllte uns, die Ewigkeit verschlang die Zeit. Unsere Zungen wagten nicht, diese Stille zu durchbrechen, denn eine merkwürdige Magie versiegelte diese Zwei-Einheit. Außerhalb von uns verstrich die träge Zeit, es schien uns, als hörten wir das Ächzen des Weltgefüges, das jeden Augenblick aus seinen Angeln zu brechen drohte.
Plötzlich fragte mich Natascha, ob ich gerne eine Tasse Tee trinken würde? Ich konnte nur stumm nicken, denn mir war, als hätte uns in diesem Augenblick der Zeitäon wieder eingefangen.
Ich hatte plötzlich das große Bedürfnis, ihr von meiner Begegnung mit Sir Arthur Cunningham zu erzählen. Sie hörte mit ungeteilter Aufmerksamkeit zu, und ich bemerkte, wie es ihr ab und zu kalt den Rücken hinunterlief. Ich fragte sie mehrmals, ob ich aufhören sollte zu erzählen, doch sie bestand darauf, daß ich zu Ende sprechen sollte. Dann meinte sie mit ruhiger Stimme: „Das sind die Schattenkönige dieser Welt, voller Machthunger, immer nur an ihren eigenen selbstsüchtigen Motiven interessiert. Mein Vater hat mir von solchen Menschen erzählt, sie sind sich nicht bewußt, wie sehr sie Gefangene ihrer eigenen Naturmagie sind. Das göttliche Gesetz wird bei ihnen allen zu gegebener Zeit die nötige Korrektur vollziehen, meistens in Form schwerer Schicksalsschläge."

Vom schwarzen Buch wollte ich ihr nichts erzählen, und so änderte ich das Gesprächsthema: „Ich habe in der Zeitung gelesen, daß Mozarts ‚Zauberflöte' aufgeführt wird. Ich möchte Sie und Ihren Vater gerne zu diesem Schauspiel einladen."

Am Aufleuchten ihrer Augen erkannte ich, daß mein Vorschlag willkommen war: „Sie bereiten mir eine große Freude, denn diese Oper interessiert mich schon lange", meinte sie erfreut. „Mein Vater hat sie vor vielen Jahren in Österreich gesehen, er wird sich sicher über Ihre Einladung freuen. Übrigens: Ich habe das Buch aus der Bibliothek zu Ende gelesen, Sie können es gleich mitnehmen."

Sie stand auf, um es in einem anderen Zimmer zu holen, legte es dann vor mir auf den Tisch und sprach weiter: „Mein Vater hat einen Freund besucht, der ebenfalls Ikonen-Sammler ist. Sie können sich stundenlang über die Herkunft und die Bedeutung dieser Kunstwerke unterhalten. Aber sagen Sie mir, Mister Mongrave, haben Sie auch eine Nebenbeschäftigung?"

Ohne daß sie sich dessen bewußt gewesen wäre, hatte sie mich unerwartet in Verlegenheit gebracht und ich schluckte leer: „Eigentlich nicht, vielleicht könnte ich meine Vorträge als Nebenbeschäftigung bezeichnen, doch das wäre sicher fehl am Platz, sie sind ja ein wichtiger Lernprozeß, eine Wechselwirkung meiner Seele im Geben und Empfangen", stammelte ich und wollte mich aus unverständlichen Gründen rechtfertigen.

Natascha hatte meine Verlegenheit bemerkt und erklärte: „Sie haben recht, eigentlich sollte es so etwas wie eine Nebenbeschäftigung nicht geben, denn alle unsere Handlungen, die im inneren Kern unserer Psyche ihren Ursprung haben, sind ja nichts anderes als unaufhörliche Lernprozesse, die wir in ihrer Wurzel verstehen müssen."

Ich war seltsam berührt von der Unsicherheit, die aus meinem Wesen hochgestiegen war. Es war eigenartig, eigentlich kannten wir aus unserer gegenseitigen Vergangenheit sehr wenig, doch wenn wir zusammen waren, schien alles Vergangene reduziert und neutralisiert zu sein. Dann pulsierte das Leben im ewigen unergründbaren Quell, und das noch vorhandene schmutzige Wasser auf dem See meiner Seele wurde vom reinen lichten Urwasser weggeschwemmt.

Unten an der Tür klingelte es. „Das ist mein Vater, ich werde ihm die Türe öffnen", sagte sie und eilte nach unten. Ich hörte die warme Stimme von Mister Romanefski, wie er seine Tochter in Russisch begrüßte; doch sobald sie ihm gesagt hatte, daß ich hier war, sprach er in Englisch weiter.

„Mister Mongrave, schön, daß Sie da sind, wenn ich das gewußt hätte, wäre ich früher nach Hause gekommen."

Natascha erwähnte meine Einladung in die Oper und nach kurzem Zögern sagte er freundlich zu. Da es schon spät war, verabschiedete ich mich von ihnen und machte mich auf den Heimweg.

Das leise Flüstern des Abendwindes bewog mich, ein Stück des Wegs zu Fuß zu gehen. Das süße Joch der Liebe hielt mich wie ein feines selbstgesponnenes Netz gefangen. In diesen Augenblicken kostete ich diese Ge-

fangenschaft wie einen edlen Tropfen Wein aus. Obwohl ich es nicht wahrhaben wollte, war mein Herz drauf und dran, sich an Ideen und Wünsche zu klammern. Ich kam mir wie ein Blatt vor, das von einem mächtig dahinziehenden Strom mitgerissen wurde. Gleichzeitig war mir schmerzlich bewußt, daß sich Nataschas reine Liebe an nichts festhielt und daß es für sie kein Mein und Dein mehr gab.
Meine Gedanken schweiften zu dem arroganten Geistlichen, mit dem ich in Mister Smiths Laden Bekanntschaft gemacht hatte. Ich wußte von ihm, daß er in der großen Kirche in der Nähe des Parks predigte. Auf meinen Sonntagmorgen-Spaziergängen hatte ich die Menschen, die auf dem Weg zur Kirche waren, beobachtet. Wie Schlafwandler mit aufgesetzten frommen Mienen begaben sie sich andächtig in den großen Bau, um als gute Bürger angesehen zu werden und sich gleichzeitig einen Platz im Paradies zu sichern.
Müde legte ich mich ins Bett und schlief ein. Sogleich reiste mein Traumkörper durch irreal anmutende Landschaften, durch unkontrollierbare launenhafte Gefühlsregungen, die ihrerseits von neuem wirre Bilder hervorbrachten, erschreckend und zusammenhanglos. Als ich am Morgen erwachte, schmerzten alle meine Glieder, und ein hohes Fieber zwang mich liegenzubleiben. Wie ein großes reinigendes Feuer wütete das Fieber in mir, und über Nacht hatte sich auf meiner Unterlippe eine große Fieberblase gebildet.
Ich konnte mir die Ursache dieses Fiebers nicht erklären, es war, als ob eine unsichtbare Hand während der

Nacht meinen Astralkörper in Brand gesetzt hätte. Ich war froh, daß ich erst am nächsten Abend bei Clives eingeladen war. Bis dahin würde es mir sicher besser gehen.

Um die Mittagsstunde raffte ich mich zusammen und kochte mir einen großen Krug Tee. Zum Glück war Clementine heute nicht hier, denn sie geriet immer sogleich in Panik, wenn es mit meiner Gesundheit nicht zum Besten stand.

Gegen Abend blätterte ich lustlos im Buch, das ich von Natascha mitgenommen hatte. Meine fiebrigen Augen suchten die Zeilen ab, doch das Gelesene wollte nicht bis in mein Gehirn vordringen. Ein heftiger Schüttelfrost stellte sich ein, und alles Einwickeln in warme Dekken half nichts.

Ich schleppte mich ins Bad und nahm die Medikamente ein, die mir Mister Clive vor einigen Monaten gegeben hatte. Das Bett war naß von Schweiß und die Schwäche schloß mir die Augen. Die Medikamente betäubten meine Sinne, und ich fiel in einen tiefen Schlaf. Wie in weiter Ferne war mir bewußt, daß sich mein Körper im Bett unruhig hin- und herwälzte. Als ich am Morgen erwachte, war das Fieber überwunden, aber mein Körper war noch matt und schwach.

Ich zwang mich dazu, ausgiebig zu frühstücken, und nach einem langen Bad fühlte ich mich wesentlich besser. Der Tag verlief lustlos. Mühevoll schleppte ich den bleischweren Körper herum. Der Spaziergang im Park entpuppte sich als eine einzige Qual, denn immer wieder mußte ich mich auf eine der frisch gestrichenen Bän-

ke setzen. Die Reiterin mit ihrem Schimmel ritt wieder einmal an mir vorbei, doch diesmal würdigte sie mich keines Blickes, und ich nahm an, daß ich für sie unsichtbar war.
Ein armselig gekleideter alter Mann bat mich um eine Zigarette und war bitter enttäuscht, als ich ihm mitteilte, daß ich nicht rauchte. Sogleich bettelte er mich um Geld an und zog alle Register, bis er meinen schwachen Punkt gefunden hatte und ich mich erhob, um ihm aus meiner Brieftasche einen Schein zu geben. Sofort mußte ich mich wieder hinsetzen und ich beobachtete, wie der Mann durch den Park ging und alle anbettelte. Einige ignorierten ihn, doch eine ältere Dame gab ihm ebenfalls ein paar Münzen, aber von einem gutgekleideten Mann bekam er einen Tritt in den Hintern.
Auf dem Heimweg begegnete ich ihm wieder, er hatte seine Nahrung in der Hand: eine Flasche Schnaps.
Am frühen Abend war ich bei Clives. Mister Clive hatte seinen Neffen John, auf den er sehr stolz war, eingeladen. Als er Kind gewesen war, hatte ich ihn einmal gesehen, doch jetzt war er zum Mann herangewachsen. Er sprach ein gepflegtes Englisch und legte ein tadelloses Benehmen an den Tag – Resultat der auserlesenen Privatschulen, die er besucht hatte. Mrs. Clive kam aus der Küche und meinte zu mir: „Sie sehen blaß aus, nehmen Sie dieses Stärkungsmittel, es wird Ihnen gut tun. Sie sollten wirklich wieder heiraten, Sie brauchen doch jemanden, der nach Ihnen schaut", erklärte sie wieder einmal, doch als ich den Mund öffnete, um eine Antwort zu geben, steckte sie mir einen großen Löffel mit dem süß-

klebrigen Sirup hinein, und sogleich verschwand sie wieder in der Küche, um sich um das Essen zu kümmern.
Dann ergriff John das Wort und erklärte mir in enthusiastischer Art und Weise seine Ambitionen. Er hatte im Sinn, eine politische Karriere einzuschlagen und erwähnte nur so nebenbei, daß ihm ein gewisser Sir Arthur Cunningham dabei behilflich sein würde, ins Wirtschaftsdepartment einzusteigen.
Mister Clive warf mir einen raschen, unsicheren Blick zu und wartete auf meine Reaktion, doch ich blieb ruhig, was ihn noch mehr aus dem Gleichgewicht brachte. Mir war klar, daß wir dieses fragwürdige Thema Cunningham einmal unter vier Augen besprechen mußten.
Aber auf einmal war mir klar, wie Sir Arthur Cunningham vorging. Wie ein geschickter Schachspieler rekrutierte er seine Leute je nach ihren potentiellen Möglichkeiten und setzte sie an die wichtigen Schlüsselstellen, wo sie wirken und sich profilieren konnten. Doch die Drahtzieher, die die Macht ausübten, blieben im Hintergrund und spielten sich in der Öffentlichkeit als Wohltäter auf. Genau im richtigen Moment rief uns Mrs. Clive zum Essen, denn ich ahnte, daß John mich soeben fragen wollte, ob ich Sir Arthur Cunningham auch kenne.
Nach dem Essen streiften wir im Gespräch oberflächlich dies und das und spielten dann Karten. Es zeigte sich, daß John ein schlechter Verlierer war, denn nach jedem Spiel, das er verlor, verlor er auch seine guten Manieren und fluchte mürrisch vor sich hin. Beim Spielen beobachtete ich unauffällig Mister Clive. Immer trug er ka-

rierte Hemden, die je nach Anlaß in der Farbe variierten. Was wohl in ihm vorging? Etwas verbarg er hinter seinen verschlossenen Gesichtszügen. Er war immer freundlich und reserviert und gab nie Anlaß zu Auseinandersetzungen.

Als ich mich spätabends von ihnen verabschiedete, drückte mir Mrs. Clive auf der Türschwelle die Flasche mit dem Stärkungsmittel in die Hand, und ich mußte ihr versprechen, den Sirup auch täglich einzunehmen.

Müde und ausgelaugt kam ich zu Hause an und freute mich schon auf den nächsten Abend mit den Romanefskis.

Die Kirchenglocken läuteten Mitternacht, als ich mein Gesicht mit eiskaltem Wasser abrieb, in der Hoffnung, dem Gewebe einen Schock zu versetzen und ein wenig Farbe auf die Haut zu zaubern. Doch der Trick war erfolglos, und mein Gesicht blieb weiß wie das Laken auf dem Bett.

Bald schlief ich mit dem Bild Nataschas in meinem Herzen ein, in der Hoffnung, es mit in die Traumwelt nehmen zu können. Doch es kam ganz anders, als ich beim Einschlafen erhofft hatte, denn plötzlich stand ich im großen Saal eines mittelalterlichen Schlosses. Eine größere Versammlung von Mönchen stand da und sang in lateinischer Sprache liturgische Gesänge. Sie waren alle in lange schwarze Roben gekleidet und hatten die Kapuzen hochgeschlagen und tief in die Gesichter heruntergezogen. Der Abt trat ein, und augenblicklich verstummten die Gesänge. „Es ist alles vorbereitet, meine Brüder, folgt mir nach“, sprach er. Obwohl ich dabei

war, konnte ich nicht ausmachen, ob ich nur unsichtbarer Zuschauer oder einer der Mönche war.
Alle hatten die Hände zum stummen Gebet gefaltet, und wir stiegen einen langen kalten düsteren Gang nach unten. Der Abt öffnete mit großer Anstrengung eine Türe, und wir betraten ein Verlies. Dort war ein Folterknecht dabei, einen an die Wand geketteten Mann auszupeitschen. Laute Schmerzensschreie und fürchterliches Stöhnen erfüllten den großen Raum, der gespensterhaft das Echo zurückwarf.
In dem Augenblick, als der Folterknecht die Mönche sah, hielt er inne und kam sogleich zum Abt. Der gab ihm den Befehl: „Hole sie, wir sind bereit." Der Folterknecht gehorchte ergeben und kam bald aus einem Seitengang mit einer jungen Frau zurück, deren Hände auf dem Rücken zusammengekettet waren. Der Folterknecht zwang die Frau dazu, vor dem Abt niederzuknien, und der brüllte sie an: „Gestehe, du hast den bösen Blick, du bist eine Hexe." Die Frau wimmerte vor Angst, flehte um Gnade und erklärte: „Ich bin unschuldig, oh Herr."
Die Peitsche des Folterknechts zischte mehrmals auf ihren Rücken nieder, bis sie schmerzerfüllt schrie: „Ich gestehe, ich bin eine Hexe."
Nach diesem Geständnis verbreitete sich eine große Stille im Raum, und die Mönche beteten laut für die verlorene Seele. Der Abt sprach nun mit roher autoritärer Stimme: „Laut kirchlichem Gesetz bist du der Häresie überführt, die Bestrafung dafür ist Verbrennen auf dem Scheiterhaufen. Doch ich will Gnade walten lassen und

verurteile dich hiermit zum Tode durch die Axt. Du mußt enthauptet werden, nur so kann deine Seele noch gerettet werden. Das Urteil wird sogleich ausgeführt."
Die Frau erlitt einen Schock und fiel bewußtlos zu Boden. Die Mönche beteten laut, während der Todesengel eine große Axt holte und die Frau wieder weckte. Vor einem großen Holzklotz, der mit ausgetrocknetem Blut bespritzt war, zwang er sie niederzuknien, legte ihren Kopf schräg auf das Holz und wartete auf den Befehl des Abtes. Dieser drehte seinen Kopf für einige Augenblicke zur Seite, so daß sein Gesicht vorübergehend sichtbar wurde. Ich sah ein kantiges strenges Gesicht, mein Gehirn schrie, eine lähmende Angst kroch in mir hoch – es war Sir Arthur Cunningham.
Er hatte seine Hand erhoben, um diese Seele über die Todesschwelle zu senden. Seine Augen blitzten im Rausch der Macht. Bewußt verzögerte er den Befehl um Augenblicke hinaus, in denen er sich gottgleich fühlte und über Leben und Tod entscheiden konnte. In dem Augenblick, wo er dem Scharfrichter das Zeichen gab, hob dieser die Axt und ließ sie gezielt und mit großer Kraft nach unten fallen. Jede Zelle meines Wesens schrie vor Entsetzen. Dieser Schrei riß mich zurück in den Wachzustand, doch ich schrie weiter, bis mir bewußt wurde, daß ich in meinem Bett in London lag und einen Alptraum hatte.
Draußen war es noch stockdunkel, doch ich war hellwach. Mein ganzer Körper zitterte, mein Gehirn war nicht fähig zu akzeptieren, daß dieses schreckliche Erlebnis bloß ein Traum gewesen war. Ich schaltete das

Licht ein, um mich zu vergewissern, daß ich mich wirklich in meiner Wohnung befand. Der Blick auf die Uhr bestätigte, daß es erst drei Uhr in der Nacht war, doch ich wagte nicht, wieder die Augen zu schließen, aus Furcht, an denselben Ort des Schreckens zurückzukehren.
Ich saß in der Küche und trank einen Beruhigungstee, der nur bedingt seine gewünschte Wirkung hatte. Auf einmal überkam mich das große Bedürfnis, mich im Gebet mit meiner ganzen Seele mit dem ewigen Lichtreich zu vereinigen. Heilsame Kraftlinienstrukturen harmonisierten sogleich mein Wesen und löschten die dumpfen Ängste aus. Der mächtige Strudel hatte sich im gereinigten Licht gelegt und eine Atmosphäre der Stille und der Ruhe breitete sich um mich aus. Einmal mehr war mir, als ob eine weitere alte Schicksalsflamme in mir erloschen wäre.
Die Stille der Nacht war angenehm und bewog mich, im Zimmer auf- und abzugehen. Mein Blick wanderte durchs Fenster, und ich betrachtete die schattenhaften Umrisse der dunklen Hausdächer, die geisterhaft schimmerten. Unter ihnen lagen die schlafenden Körper der Bewohner regungslos da, während sich ihre Traumkörper in die Astralwelt zurückgezogen hatten.
Ich mußte mich dazu zwingen, wieder ins Bett zu gehen, um noch ein paar Stunden zu schlafen, denn ich konnte am kommenden Abend die Oper nicht genießen, wenn ich unter Müdigkeit leiden würde.
Am nächsten Morgen erwachte ich ausgeruht aus einem traumlosen Schlaf. Die Stille und Leichtigkeit, die während des Schlafs über mich gekommen waren, vibrier-

ten noch in meinem Wesen. Doch auch der bittere Nachgeschmack des Alptraums war noch spürbar, und ich bemühte mich, meine Gedanken nicht darauf zu richten, um die gräßlichen Bilder nicht wieder zu beleben. Die Versklavung durch meine eigene Gedankenwelt und Emotionen machte mir immer wieder zu schaffen. Es waren festgefahrene innere Strukturen, die immer in die gleiche labile materiesuchende Richtung zielten und die Verklärung meines Leibes verhinderten. Manchmal kam ich mir vor wie ein Fisch im Meer, der sich darüber den Kopf zerbrach, wo wohl das Wasser sei und wie er dorthin gelangen könne.
Immer wieder war ich den Versuchungen und Verstrikkungen dieser Natur erlegen, immer wieder zermürbten mich meine Schwäche und Disziplinlosigkeit. Manchmal war es mir, als würden sich alle Tore meiner vergangenen Leben auf einmal öffnen und mich tausend grausame und schöne Gesichter angrinsen. Wie in einem großen kosmischen Kegelspiel galt es nun, diese ominöse Vergangenheit zu überwinden – das wußte ich mit Bestimmtheit.
Als ich meinen Küchenschrank öffnete, um mir das Frühstück zuzubereiten, gähnte mir eine völlige Leere entgegen. Er wartete wieder einmal darauf, gefüllt zu werden. Dieser Gang in den nahegelegenen Supermarkt war für mich stets eine Qual, deshalb kaufte ich immer gleich für einen ganzen Monat ein. Strahlender Sonnenschein begrüßte mich, als ich auf die Straße trat. Durch einen Hinterhof, wo eine Schar Kinder Fußball spielte, gelangte ich zu dem großen Geschäft.

In den hohen Regalen suchte ich die nötigen Waren zusammen. Das grelle Neonlicht irritierte mich und ich beeilte mich, so schnell wie möglich wieder ins Freie zu gelangen.
Eine dicke jüngere Frau mit Lockenwicklern in den Haaren wälzte sich an mir vorbei. Sie gab mir einen Klaps auf den Hintern, um mir verständlich zu machen, daß ich ihr Platz machen sollte, doch gleichzeitig war es ihrem Grinsen nach zu urteilen auch ein plumper Annäherungsversuch. Ich tat, als ob ich nichts bemerkt hätte und flüchtete zum Früchtestand. Solange ich mich erinnern konnte, stand immer dieselbe schwarze Verkäuferin aus der Karibik da. Sie war immer farbenprächtig angezogen und stets bei guter Laune. Sie erfreute mich immer wieder mit ihrem exotischen Englisch. Der Laden war überfüllt mit Menschen verschiedenster Nationalitäten. Es roch nach frischgemahlenem Kaffee, nach Gemüse, Früchten und menschlichen Ausdünstungen.
Ein älterer Mann mit starkem Asthma ging keuchend an mir vorbei und grüßte freundlich.
Ein jüngerer Mann mit Kartenspieler-Gesicht flirtete mit der Kassiererin und ließ sich nicht dabei stören, obwohl sich hinter ihm eine Schlange ungeduldiger Menschen gebildet hatte. Eine ganze Weile balzten sie zusammen, bis zufällig der Abteilungsleiter vorbeikam und dem Turteln ein Ende setzte. Der junge Mann verließ beleidigt den Laden, tat aber so, als ginge ihn das alles gar nichts an.
Die Wangen der Verkäuferin waren rot angelaufen, wie

zwei überreife Äpfel, und verlegen machte sie sich schnell wieder an die Arbeit.
Erleichtert darüber, den Laden verlassen zu können, ging ich, beladen mit meinen Einkaufstaschen, noch in den Laden von Mister Thompson. Er hatte mir die Zeitungen beiseitegelegt und erzählte mir von seinem kurzen Aufenthalt bei seinen Verwandten im Norden des Landes.
Endlich saß ich wieder zu Hause in meinem alten Lehnstuhl und konnte bei einer Tasse Kaffee die Zeitungen lesen. Ein lauter Knall erschreckte mich: das alte Bild mit dem Clown, das ich einmal von Mrs. Clive zum Geburtstag bekommen hatte, war heruntergefallen. Ich drehte und wendete es und konnte nicht verstehen, weshalb es den Halt verloren hatte. Ich schaute auf die Uhr, um zu sehen, ob ich mich bereits für den Besuch in die Oper anziehen mußte, aber es war erst zehn nach fünf Uhr. Ich hatte noch Zeit, einen neuen Nagel einzuschlagen, um das Bild, das zum Glück keinen Schaden genommen hatte, wieder aufzuhängen.

Unerwartetes

Kurz vor sieben Uhr stand ich in meinem besten Anzug vor der Tür der Familie Romanefski und klingelte. Sogleich öffnete mir Mister Romanefski, in einen dunklen Maßanzug gekleidet. Irgend etwas in seinem sonst so ausgeglichenen Gesicht irritierte mich.
Mit sanfter Stimme sagte er: „Guten Abend, Mister

Mongrave, kommen Sie, wir wollen gleich nach oben gehen." Ich dachte, wir würden wie gewohnt die Bibliothek aufsuchen, doch er öffnete die Türe eines anderen Zimmers, welches ich bisher noch nicht betreten hatte. „Treten Sie ein," forderte er mich mit feierlicher Stimme auf.

Mein Atem stockte, mir war, als wollte mir eine unsichtbare Hand das Herz aus der Brust reißen. Ein brennender Schmerz durchfuhr jede Zelle meines Wesens, ein Leidensschrei, der seit Jahrtausenden stets derselbe blieb, wollte sich meinen Lippen entringen, wie immer, wenn ein Teil von mir weggerissen wurde.

Natascha lag in einem wunderschönen Abendkleid mit gefalteten Händen auf ihrem Bett, an dessen Kopfende Mister Romanefski sieben weiße Kerzen angezündet hatte. Ihre Augen waren geschlossen, doch ein sanftes Lächeln umspielte ihre Lippen.

„Heute Nachmittag um zehn nach fünf Uhr hat sie ihr irdisches Gewand in Frieden abgelegt. Kurz vor ihrem Abschied sagte sie mir, ich solle Ihnen folgende Worte mitteilen: ‚Seien Sie nicht traurig, wahre Liebe ist grenzenlos und nicht an Materie gebunden, Sie werden immer in mir wohnen!'" Seine Stimme vibrierte, als er ihre Worte wiederholte. „Sie ist eine wunderbar reife und strahlende Seele", ergänzte er, was ich nur bestätigen konnte.

Trotzdem war in mir eine Welt zerbrochen. Um zehn nach fünf Uhr war ja auch das Bild in meiner Wohnung zu Boden gefallen ... Endlich hatte ich die Frau meines Lebens gefunden und so viele Pläne mit ihr vorgehabt.

In nächster Zeit hatte ich sie fragen wollen, ob sie mich heiraten möchte. Ich Narr war wieder einmal mehr dem Zauber der vergänglichen Wünsche zum Opfer gefallen.
Die Kälte des Todesschreckens nagte an mir, ein klares Indiz dafür, daß ich den Sensemann noch nicht überwunden hatte; das wurde mir in diesem Augenblick völlig klar.
Natascha jedoch hatte den Tod völlig überwunden, sie hatte durch den inneren Befreiungsweg das ewige Seelen-Lichtkleid empfangen.
Innerlich fühlte ich mich zerrissen zwischen Ohnmacht und der Dankbarkeit für ihr erfülltes Lebensschicksal. Wie gebannt starrte ich diesen regungslosen Körper an, der den trügerischen Schein erweckte, als schlafe er nur und beginne sich jeden Moment wieder zu regen. Alles hätte ich darum gegeben, daß sich dieser Wunsch erfüllt, aber ich wußte, daß ich diese trägen Projektionen zurücknehmen mußte.
Mister Romanefski legte sachte seine Hand auf meine Schulter und sprach: „Da ist etwas, was wir noch für sie tun können. Wir wollen ihr einen Lichtschutz geben, damit sie ungehindert alle jenseitigen Reiche durchschreiten kann bis in die ewigen göttlichen Sphären, wo sie von der großen Bruderschaft der befreiten Seelen freudig empfangen werden wird.
Mit unseren freigemachten Seelenlichtkräften schaffen wir einen Lichtschacht, der alle dualen Kräfte und Bereiche neutralisiert, so daß Natascha unsichtbar und unantastbar das ewige Lebensfeld betreten kann.“

Wir standen nun am Bett, und Mister Romanefski sprach mit fester, feierlicher Stimme: „Der Hochzeitssaal ist weit geöffnet, alles ist bereit für deinen Einzug. Der Weg durch die Pforten ist weit geöffnet, die Hindernisse sind beseitigt und aufgelöst. Das dritte Lichtkleid des Entsteigens hast du empfangen, das Lichtkleid, das im ganzen Raum Gottes Glorie, Weisheit und Macht offenbart. Der Vorhang ist gerissen, das Allerheiligste hat sich dir geöffnet, der verborgene Lichtschatz. Durch Meridiane leuchtender Sterne wirst du von der göttlichen Kraft erfüllt und angezogen. Ewiger unwiderstehlicher Geist, durch deine Kraft wird alles Dunkle zu Licht, alles Böse getilgt und alles Kranke geheilt. So gehe nun ein ins Land des Friedens, geliebte Natascha."
Unsere Blicke drangen vom Sichtbaren ins Unsichtbare, und wir sahen ihren lichterfüllten Seelenleib strahlen. Unser ganzes Lichtstrahlpotential verdichtete sich zu einem riesigen Lichtstrom, in dem Natascha leicht wie eine Feder und unsichtbar fürs Jenseits ihrer wahren geistigen Heimat zuschwebte. Kaum hatte sie das Lichtfeld erreicht, schlossen wir alle Tore und ließen sie in Frieden ihrer neuen Bestimmung zustreben.
Alles war so schnell gegangen, daß mein Gehirn die Tatsache, daß Natascha dieses Erdenfeld endgültig verlassen hatte, nicht sofort realisierte.
Wir begaben uns in die Bibliothek und Mister Romanefski sagte: „Es ist ihr gut ergangen, sie mußte keine Schmerzen erleiden. Durch einen feinen Ruck hat sich ihre Seele vom vergänglichen irdischen Gewand gelöst, leise und mühelos, wie sich das Fruchtfleisch von einer

überreifen Frucht löst. Ich werde den Körper drei Tage lang hier im Haus behalten, so daß er keinen Störungen ausgesetzt ist und sich die restlichen Ablösungsprozesse ruhig und harmonisch vollziehen können. Dann werde ich ihn einäschern lassen."
Ich war sprachlos und fand keine passenden Worte, um ihm zu sagen, wie leid es mir tat. Doch er war sehr gefaßt, er hatte diese Stunde nahen sehen, da er schon dieselbe Erfahrung mit seiner Frau gemacht hatte. Von einer Trennung konnte ja auch keine Rede sein, denn in der Seelenwelt war er mit ihr vereinigt.
Ich spürte, daß er jetzt gerne allein sein wollte, um innerlich sein Leben neu zu ordnen und die Situation zu überdenken, und ich sagte: „Ich werde jetzt nach Hause gehen und Sie in ein paar Tagen wieder besuchen. Es ist gut zu wissen, daß Natascha in ihre wahre geistige Heimat zurückkehren durfte, trotzdem wird sie mir fehlen."
Er nickte und bestätigte: „Mir auch, Mister Mongrave, aber kommen Sie doch in vier Tagen wieder vorbei, wir könnten dann gemeinsam auswärts essen gehen."
Er begleitete mich zur Türe. Eine seltsame Stille hatte sich im ganzen Haus ausgebreitet. Lange hielt er wortlos meine Hand, und es wurde spürbar, daß uns eine bedingungslose tiefe Freundschaft verband, wie ich sie bis dahin noch nicht gekannt hatte.
Der Taxifahrer war leicht betrunken, und sein Atem verursachte ein flaues Gefühl in meiner Magengegend. Mit schwerer Zunge lallte er vor sich hin und versuchte krampfhaft, mit mir ins Gespräch zu kommen. Als er mir seinen Kopf zuwandte, sah ich unter der braunen

Schirmmütze sein schwammiges Gesicht mit roter Knollennase.
„Sie sind sich wohl zu gut, um mit mir zu sprechen?" pöbelte er mich an. Ich hatte seinem Geschwätz gar nicht zugehört, meine Gedanken waren ganz woanders. Erregt schnalzte er mit der Zunge. „Halten Sie an, ich möchte aussteigen, Sie sind ja betrunken", forderte ich ihn auf, doch meine Aufforderung bewirkte das Gegenteil: er drückte nur noch stärker auf das Gaspedal. „Sie werden nicht aussteigen, bevor ich vor Ihrem Haus angehalten habe", drohte seine heisere Stimme.
„Ist schon in Ordnung", versuchte ich ihn zu besänftigen, und ich war froh, als ich endlich aus dem Auto steigen konnte. Die kalte Asche im Kamin ließ in mir den Gedanken an die Einäscherung hochsteigen, den ich sogleich mit aller Gewalt verdrängte. Ein großes Vakuum umgab mein Herz, wie gerne wäre ich Natascha auf den Flügeln der Morgenröte in die geistige Heimat gefolgt, aber ich wußte, daß meine Zeit dazu noch nicht gekommen war. Wieder wanderte mein Blick zur kalten Asche, die mir jedoch jetzt ein anderes Symbol bewußt machte, nämlich jenes, daß aus der Asche der Phönix, der Mysterienvogel, entsteigt.
Lustlos saß ich da und sonnte mich in Selbstmitleid. Obwohl mein Magen knurrte, mochte ich nichts essen, denn eigentlich sollte ich jetzt mit den Romanefskis in der Oper sitzen. Ich schleppte mich aufs Bett und schloß die Augen in der leisen Hoffnung, sie nicht mehr öffnen zu müssen.
Die Tränen, die nach außen fließen wollten, versiegten

im Tränenkanal und flossen nach innen, wo sie mein Herz überschwemmten. Ich wußte nicht, ob ich schlief oder ob ich wach war, denn plötzlich überkam mich eine große Ruhe, und ich gewahrte den strahlenden Lichtleib Nataschas und vernahm gleichzeitig ihre wortlose Botschaft: „Warum trauerst du, gehe hin zu meinem Vater, euch beiden wird in Kürze eine große Aufgabe zuteil werden, sie wird dein Leben erfüllen und ihm neuen Sinn geben."

Benommen öffnete ich die Augen und starrte zur Dekke. Eines war sicher: das war kein Traum gewesen. Natascha war noch einmal zurückgekehrt, um mich aus meinem niedergeschlagenen Zustand zu reißen und mir verständlich zu machen, daß ich mein Leben wieder voll in die Hand nehmen solle.

Trotz Appetitlosigkeit zwang ich mich dazu, etwas zu essen, und während des Essens sinnierte ich über die Worte nach, die die bevorstehende gemeinsame Aufgabe mit Mister Romanefski betraf.

Eine unstillbare Sehnsucht nach der inneren geistigen Freiheit brannte wie tausend Sonnen in meiner Seele. Es mußte doch ein Heilmittel geben, das diese völlige Überwindung vollbringen konnte.

Unzählige Bücher hatte ich gelesen und an vielen Vorträgen mit kompetenten Referenten teilgenommen, die sich in den Geistes- und Naturwissenschaften auskannten, doch alles hatte nichts genützt, der Kern meines Problems war geblieben.

Sicherlich hatte ich auf dem befreienden Weg Fortschritte gemacht, doch wenn ich Nataschas Seele sah,

wurde mir meine eigene Gefangenschaft bewußter denn je.
Dabei kam mir in den Sinn, daß ich vor einigen Monaten an der Vorlesung eines älteren Mannes mit gutem Ruf teilgenommen hatte. Seine hagere Gestalt und das eingefallene Gesicht wirkten asketisch, der schneeweiße Bart und die langen Haare verstärkten noch den Eindruck von Weisheit. Als er aber in salbungsvollen Worten über das Johannes-Evangelium referierte, entdeckte ich seine Eitelkeit.
Er mimte den Propheten, indem er in pompösen Worten den Weltuntergang ankündigte und so tat, als stamme diese Einsicht von ihm. Ich ahnte, daß er einer organisierten kirchlichen Bewegung angehörte, obwohl er dies nie klar formulierte.
Die Zuhörer, obwohl nicht zahlreich, waren von seiner Ansprache zutiefst beeindruckt. Er schaffte es spielend, sie in einen Zustand der Furcht vor dem Kommenden zu versetzen, drehte aber dann im psychologisch richtigen Moment den Spieß um, um als Heilmittel einen beredten Wortschwall über die Auserwählten, die errettet werden würden, zu servieren. Er gab damit den Zuhörern zu verstehen, daß er einer dieser Auserwählten sei und daß sie nur seiner Kirche beizutreten bräuchten, um auch auserwählt und gerettet zu werden. Nach dem Vortrag verließ ich frustriert und angewidert den Saal und sah noch aus den Augenwinkeln, wie viele Leute den Vortragenden umringten, denn sie wollten doch gerettet werden.
Wahrlich, hier traf das Sprichwort zu: „Blinder führt

Blinde!" Ich war unendlich dankbar dafür, einen wahren Geist-Seelen-Menschen zu kennen. Die unergründliche Weisheit von Mister Romanefski war wie ein nie versiegender Quell, an dem ich mich laben konnte.
Eine unbegreifliche, eigenartige Stimmung stieg aus den Tiefen meines Wesens hoch. Es war das erste Mal, daß ich mir in meiner eigenen Wohnung wie ein Fremder vorkam. Die Wände schienen mir zu eng und die Decke zu tief. War dieser Anfall von Platzangst aus meinem gewaltigen Drang nach Befreiung zu erklären?
Da saß ich immer noch in meinem besten Anzug, den ich mir mit schönsten Vorstellungen und Erwartungen angezogen hatte, auf dem Bett. Mein Leben war so paradox. Mein Schicksal brachte es immer wieder fertig, mich durch die schmerzhaften Mühlen des Lebens hindurchzutreiben. Wie viele Enttäuschungen warteten noch wie Feuerteufel vor der Pforte des Schicksals, um mich von neuem zu quälen und innerlich zu zerreißen?
Manchmal war das Leben wirklich zum Davonlaufen. Sicherlich wäre ich daran verzweifelt, hätte ich nicht genau gewußt, daß ich für meine Lebensbahnen selbst verantwortlich und letztlich Herr meines Schicksals war. Tausende von Inkarnationen hatten wie eine unsichtbare bleierne Kette diese Voraussetzungen geschmiedet, und ich konnte sie nicht einfach abschütteln. Der biblische Spruch „Wer überwindet, der wird den zweiten Tod nicht mehr schmecken", mutete mich manchmal wie ein Hohn an, und Zweifel, ob ich das je schaffen würde, flammten in mir auf.
Müde stieg ich ins Bad und betrachtete durchs grünli-

che Wasser meinen nackten Körper. Die Kräuteressenz wirkte beruhigend auf meine Nerven, und die Entspannung war so groß, daß ich einschlief. Erschrocken erwachte ich Stunden später im kalten Wasser. Schleunigst legte ich mich ins Bett, doch von Schlafen konnte keine Rede sein. Wie auf einer unsichtbaren Filmleinwand erschienen Bilder und Szenen. Ich war lediglich Zuschauer, der diesen Gedankenbildern wohl eine andere Richtung geben konnte, aber nicht fähig war, den Projektor abzustellen.

Die Gespaltenheit zwischen Denken, dem Denkenden und dem Gedachten machte mir zu schaffen. Diese feinstofflichen Mechanismen waren unheimlich stark, und die abschweifenden, unkontrollierten Gedanken waren wie unsichtbare Zellwucherungen, die sich wie ein krankes Gewebe durch das Zeiträumliche hindurchzogen.

Mitten in der Nacht verspürte ich plötzlich das große Bedürfnis, an die frische Luft zu gehen. Die Straße war menschenleer, ich genoß diese sonderbare Nachtstimmung. Ein frischer Wind fächerte über mein Gesicht und rötete es leicht. Ich stülpte den Mantelkragen hoch und ging die Straße hinunter. Es war ungewöhnlich still, ich hörte meinen Atem und das Echo meiner Schritte, die an den Hauswänden widerhallten. Es brannte um diese Zeit nur jede zweite Straßenlampe, und dazwischen breitete sich das schwarze Tuch der Nacht gespenstisch aus.

Der Himmel war bedeckt, ab und zu drang fahles Mondlicht durch und zeichnete kleine transparente, bläulichschimmernde Kreise in die brüchigen Wolken, die

von einem sanften Wind langsam vorwärtsgetrieben wurden.
Plötzlich hörte ich die drohende Stimme einer Frau. Sie, ihr Mann und mehrere Kinder waren aus der Dunkelheit aufgetaucht und standen jetzt im Lichtkegel der übernächsten Straßenlaterne vor mir. Die Kinder sahen müde und erbarmungsvoll aus. Der Vater war in armselige Lumpen gekleidet, und sein Gesicht war krebsrot. Untertänig stand er vor seinem gewaltigen Eheweib, das schaufelgroße Hände und Brüste hatte, mit denen sie alle Kinder des Quartiers hätte mit Milch versorgen können.
„Du Holzkopf", fauchte sie mit bäuerlicher Behäbigkeit ihren hüstelnden Mann an. Dieser schrumpfte unter ihren Worten sichtlich zusammen und wagte es nicht, den Mund zu öffnen. Eingeschüchtert klammerten sich die Kinder an den weiten Rock der Mutter, die sie, wie eine Legehenne ihre Küken, in Schutz nahm. „Du Nichtsnutz, du Taugenichts, kommt jetzt", donnerte sie weiter. Sie drehte sich um, der Mann wagte es nicht, den Kopf zu heben und folgte ihr eingeschüchtert. Sie gingen in dieselbe Richtung, aus der sie gekommen waren, zurück. Wie angewurzelt blieb ich stehen und wartete, bis die Dunkelheit sie verschluckt hatte und nichts mehr von ihnen zu hören war.
Auf dem Heimweg kam ich am Laden von Mister Smith vorbei. Mein Blick tastete durchs Schaufenster den in Dunkelheit gehüllten Raum ab. Ich sah die alten Puppen in ihren bunt glitzernden Kleidern. Stumm baumelten sie an dünnen Fäden von der Decke und warteten

geduldig auf einen Puppenspieler, der sie zum Leben erwecken würde. Die menschengetreu nachgebildeten Gesichter wurden schwach vom Licht der nahen Laterne beleuchtet, das ihnen gespenstische Züge verlieh. Man hatte den Eindruck, als ob ihnen nur noch ein Hauch des Lebens fehlte; das Reich des Irrationalen schien fast greifbar nah.
Müdigkeit schlich in meine Glieder und ich löste meine Augen vom Schaufenster. Doch kaum lag ich in meinem Bett und übergab mich dem Schlaf, wanderten meine Gedanken in diese abstrakte Puppenwelt zurück und belebten sie ungewollt mit meinen Gefühlen.
Ich hatte die letzten Gedankengänge mit in die Traumwelt hinüber genommen und ihnen Leben eingehaucht. Es war ein makabres, faszinierendes und gleichzeitig auch furchteinflößendes Erlebnis. Froh und erleichtert erwachte ich morgens in meiner vertrauten Umgebung und nahm mir vor, künftig darauf zu achten, mit welchen Gedanken ich einschlief.
Immer offensichtlicher wurde mir die Struktur der Ich-Kräfte, deren Ernährer der Denker ist. Sie führten unweigerlich durch den Höllenfluß ins Reich der Verdammten, wo die Seelen im anderen Tod in den läuternden Feuern jammern und nach Auflösung des Ichs schreien, um die lichten Lande betreten zu können.
Zwei Tage später entschloß ich mich, nun endlich den lange geplanten Besuch im Museum nachzuholen. Am frühen Nachmittag machte ich mich auf den Weg und hielt schon den Wohnungsschlüssel in der Hand, als je-

mand an der Türe klopfte. Etwas ärgerlich öffnete ich und war überrascht, Mister Clive vorzufinden.
„Kann ich kurz hereinkommen?“ fragte er verunsichert, als er sah, daß ich soeben das Haus verlassen wollte.
„Bitte, kommen Sie nur herein“, sagte ich mit ruhiger Stimme, denn ich bemerkte eine übermächtige Spannung in seinem Wesen. Mir war klar, daß ihn dieser Besuch große Überwindung gekostet hatte. Er saß aufgeregt da und wußte nicht, wie und wo er das Gespräch beginnen sollte. Um ihm den Anfang zu erleichtern, bot ich ihm etwas zum Trinken an, doch er winkte ab.
„Mister Mongrave, Sie wissen sicher, weshalb ich hier bin“, sagte er zögernd und machte eine kurze Pause. „Es geht um Sir Arthur Cunningham.“ Endlich bekam ich die langerwartete Antwort, denn die Verbindung zwischen den beiden hatte ich mir nie erklären können. „Es ist eine sehr lange Geschichte“, meinte er niedergeschlagen, „aber ich möchte sie so kurz wie möglich erzählen. Bestimmt haben Sie schon von Sir Arthur Cunninghams Vater gehört, er hatte in der Kolonialisierung von Indien und Afrika eine sehr wichtige Position inne. In Afrika besaß er große Ländereien, und auf einer dieser Plantagen war mein Großvater Vorsteher.
Was aber viele nicht wußten war, daß die großen Reichtümer, die er sich angeeignet hatte, nicht vorwiegend aus dem Erlös seiner Plantagen, sondern aus seinem großen Sklavenhandel stammten. Gewisse Dokumente, die seiner Familie hätten Schaden zufügen können, wurden später von Politikern mit hohem Ansehen ver-

nichtet. Als Sir Cunningham zurück nach England kam, zahlte er meinem Großvater eine große Summe Schweigegeld, denn er hatte von dem schändlichen Handel gewußt. Doch damit hatte er ihn in der Hand, und er verlangte von ihm immer wieder Hilfe bei dubiosen Geschäften, bis er ihn so weit verstrickt hatte, daß er nicht mehr aussteigen konnte.
Wie der Vater, so der Sohn: nun ist es Sir Arthur Cunningham, der mich weiter unter Druck setzt. Er verkehrt in hohen Kreisen und besitzt so viel Macht, daß er mich und meine Frau jederzeit zerstören könnte.
Natürlich ist er ein perfekter Gentleman, und er würde so etwas nie direkt aussprechen, doch er hat eine Art, die Dinge zu erklären, daß man immer die Schlinge um den Hals spürt. Das ist auch der Grund, weshalb wir nie Kinder wollten, in der Hoffnung, diesem Spuk ein Ende zu setzen. Aber wie Sie gesehen haben, hat er meinen Neffen ausfindig gemacht und ihm den Himmel auf Erden versprochen. Bisher habe ich noch nie mit jemandem darüber gesprochen, aber Ihnen, werter Mister Mongrave, muß ich es erzählen, da meine Frau und ich Sie sehr schätzen. Ich will lieber gar nicht daran denken, was geschehen würde, wenn Sir Arthur Cunningham von diesem Gespräch erführe."
Benommen saß er da und wußte nicht, wie ich darauf reagieren würde. Ich hatte Mister Clive falsch eingeschätzt, seine schlimme Lage wurde mir schlagartig bewußt.
„Mister Clive, ich danke Ihnen für Ihr Vertrauen", sagte ich schließlich. „Ich bin zutiefst erschüttert über Ihre Ge-

schichte. Das ist ja ein Alptraum für Sie und Ihre Frau; vielleicht sollten Sie doch versuchen, diese Bindung zu lösen, trotz der unvorhersehbaren Konsequenzen. Das ist doch kein Leben für Sie!"
Wie der Kopf eines Stoffdackels, der Erschütterungen ausgesetzt ist, so bewegte sich sein Kopf unaufhörlich auf und ab. Er flüsterte verängstigt, als ob die Wände Ohren hätten: „Wir sind nicht mehr die Jüngsten, es ist zu spät, um jetzt noch etwas zu unternehmen. Uns fehlt die Kraft."
Mit diesen Worten stand er auf und meinte: „Ich möchte Sie nun nicht mehr länger aufhalten, danke, daß Sie mich angehört haben." Und er fügte verunsichert hinzu: „Gerne würden wir Sie wieder einmal zum Essen einladen."
„Gerne werde ich ihre Einladung annehmen, aber überlegen Sie es sich noch einmal. Es ist nie zu spät, um sich aus einer Schicksalsumklammerung zu befreien. Grüßen Sie mir Ihre Frau", spornte ich ihn an. Wie ein aufgescheuchtes Reh schaute er sich verängstigt im Hausflur um, als er eilig das Haus verließ.
Endlich saß ich im Taxi, doch wie immer war in der Innenstadt der Verkehr so dicht und chaotisch, daß wir nur langsam vorwärts kamen. Wie bunte Farbtupfer, so drängten die Menschenmassen, sich wirr durcheinanderbewegend, auf den Gehsteigen vorwärts, jeder in Gedanken seinem eigenen Ziel zustrebend.
Da waren die riesigen Kaufhäuser, die in ihren Labyrinthen die Kunden einsaugten, um sie nicht loszulassen, bevor sie etwas gekauft hatten. Der Rummel war mir zu

viel; selten besuchte ich die Innenstadt, in der die Aggression atmosphärisch war. Die doppelstöckigen roten Busse zwängten sich wie Ungeheuer durch den stockenden Verkehr. Vor einer Schnellimbißbude drängten sich mehrere Jugendliche und verzehrten genüßlich ihre Hamburger, während auf der anderen Straßenseite eine lange Menschenschlange ungeduldig auf das Öffnen der Kinotore wartete. In einer geschlossenen Gruppe eilten Japaner durch das Chaos, in der einen Hand einen Fotoapparat, doch das Auge immer auf den gelben Wimpel gerichtet, den der Reiseführer in die Höhe hielt, um sicher zu sein, daß ja keiner verloren geht. Neger mit langen geflochtenen Haaren, angezogen wie bunte Kanarienvögel und mit matten gläsernen Blicken, schlenderten lässig durch die Menge, den Transistor-Radio auf volle Lautstärke eingestellt.
Inder, Araber, Chinesen – alle nur erdenklichen Nationenmischungen sah man hier. Man hatte das Empfinden, daß diese multikulturelle Ansammlung die stille Hoffnung barg, aus ihrer Quintessenz eine neue übergeordnete Kultur herauszukristallisieren, die durch neue Kraftlinienstrukturen grenzüberschreitend sein könnte.
Die Fahrt war viel länger, als ich angenommen hatte. Endlich konnte ich aussteigen und überwand mit langen Schritten die Treppe, die zum Museum führte. Der Bau war riesig, sicher brauchte man eine Woche, um alle die unermeßlichen Kunstschätze zu betrachten.
Ich schaute auf die Uhr und sah, daß es schon später war, als ich angenommen hatte. Rasch kaufte ich mir ein

Billett und begab mich an der etruskischen Kulturabteilung vorbei zur ägyptischen Sektion.

In einer schlichten grauen Uniform stand ein Museumswärter da, um den Besuchern Auskünfte zu geben. Sein Mund hatte die Form eines Karpfens, und wenn er nicht sprach, bewegten sich seine gewölbten Lippen leicht auf und zu, als ob er in ein unendliches Selbstgespräch vertieft wäre. Ich betrat die große Halle im Untergeschoß, wo mir aus Stein gehauene riesenhafte Pharaonenköpfe entgegenstarrten. Sie waren die stummen Zeugen eines längst vergangenen, leuchtenden Reiches.

Obelisken und andere größere und kleinere Gegenstände erweckten hier das rege Interesse der Besucher. Eine merkwürdige Schwingung herrschte in diesem Raum, es war, als ob ein leiser Groll von diesen Objekten ausging, weil man sie aus ihrem ursprünglichen Land entfernt hatte.

An der rechten Seite des Raumes befand sich eine tunnelähnliche, abgeschlossene Galerie mit unzähligen kleineren Statuen hinter Glas, die aus ägyptischen Grabkammern stammten. Sie waren von sanftem Licht beleuchtet, so daß man deutlich sehen konnte, daß die Jahrtausende spurlos an ihnen vorübergegangen waren.

Zwei ältere Damen starrten auf eine Statue aus der Grabkammer von Ramses II. Leise unterhielten sie sich, als fürchteten sie sich davor, einen alten Fluch zu wecken.

Erst jetzt bemerkte ich, daß die Besucher langsam dem

Ausgang zuströmten. Der Museumswärter ging an mir vorbei und schaute schweigend auf die Uhr, zum Zeichen, daß das Museum bald seine Tore schließen würde. Der Besuch von Mister Clive hatte eine Verspätung zufolge, so daß ich schwerlich alles würde sehen können, dessentwegen ich hergekommen war. Ich entschloß mich, noch rasch ins Obergeschoß zu gehen. Eilig begab ich mich über die breite Treppe in verschiedene kleinere Räume, wo Waffen, Kleidungsstücke, Vasen, allerlei bemalte Töpfereien, mit Hieroglyphen beschriftete Tafeln und kostbarer Schmuck ausgestellt waren. Das alles war sehr interessant und aufschlußreich, doch irgend etwas fehlte, aber ich wußte nicht, was. Ein unbefriedigtes Gefühl nagte an mir und trieb mich immer schneller durch die einzelnen Räume. Von weitem hörte ich die Stimme des Karpfengesichtigen sagen: „In zwanzig Minuten schließen wir!"
Plötzlich fühlte ich eine riesige innere Spannung, ein starkes Kraftfeld nahm mich plötzlich gefangen, als ich den hintersten Raum betrat. Alle Besucher hatten die obere Etage bereits verlassen, ich war allein. Hinter großen Glaskästen standen kunstvoll bemalte Sarkophage. Durch ein schmales waagrechtes Fenster schimmerte das Abendlicht und bestrahlte die Mumien. Eine äußerst merkwürdige Stimmung überkam mich, mir war, als würde sich mir jeden Augenblick etwas Geheimnisvolles offenbaren, um sich wie ein Wasserfall über mich zu ergießen.
Ein sanftes Abendrot beleuchtete die Bilder der Götter Isis und Osiris, Horus, Anubis und Toth, die große

Sonnenbarke, die die Seelen durch das Totenreich geleitet, und viele dazugehörende Hieroglyphen. Zwei offene Sarkophage, die in kleinen Glashäusern lagen, bargen gut erhaltene Mumien.

In dem Augenblick, als ich eine der Mumien betrachtete, wurde mir schwindlig. Mir war, als ob ein mächtiger innerer magnetischer Orkan meinen Körper auflösen würde. Ich taumelte gegen die Wand und fand zum Glück unmittelbar neben dem Glaskasten einen Stuhl. Meine Sinne entrückten und eine mächtige Kraft riß mich aus dem Körper. Ich wurde gewahr, daß ich in einem Raum am Boden auf einem Kissen saß, zusammen mit einer Gruppe Chinesen, die alle einen inneren Auftrag in ihren Seelen trugen. Mir wurde bewußt, daß dieser Auftrag auch unmittelbar mit mir zu tun hatte, doch im nächsten Augenblick stand ich allein mit einem Chinesen in einem kleinen Zimmer, in dem sich ein offener Sarg befand, in dem ein goldenes Schwert lag. Auf der anderen Seite des Raumes stand ein eigenartiger Spiegel, und der Chinese forderte mich auf, hineinzuschauen. Durch einen sonnendurchfluteten Tempel wandernd, vernahm ich von weitem, ausgesprochen von einer vertrauten Stimme, die Worte: „Vergiß nie, das goldene Band in dir ist ewig und führt dich in die leuchtende ewige Stadt.“ Im nächsten Moment befand ich mich in einem anderen Tempel und schritt zwischen hohen Säulen hindurch. Ein Gefühl von Unsicherheit, Angst und Trauer überkam mich, und plötzlich spürte ich einen starken stechenden Schmerz im Rücken. Ich fiel zu Boden und merkte, wie das Leben aus mir wich.

Eine höhnisch-grinsende Fratze beugte sich über mich, und ich hörte noch, wie sich jemand raschen Schrittes entfernte, dann erlosch das Licht jenes Lebens.
Heftig erschrak ich, als ich spürte, wie jemand seine Hand auf meine Schulter gelegt hatte und zu mir sprach: „Mister Piters, Sie sind angekommen."
Ich merkte, daß ich mich wieder in dem Raum befand, in dem vor mir im Glaskasten der offene Sarkophag mit der Mumie lag.
Es war mir nicht möglich, auch nur einen klaren Gedanken zu fassen. Immer noch ruhte die Hand auf meiner Schulter, und eine Stimme sprach: „Mister Piters, kommen Sie, wir müssen das Museum schleunigst verlassen, in wenigen Minuten schließen sie die Tore."
„Mein Name ist Mongrave", stammelte ich und drehte mich um. Hinter mir stand ein älterer Chinese mit einem freundlichen Gesicht. Abermals forderte er mich auf: „Kommen Sie, Mister Mongrave." Er nahm mich beim Arm, und ich folgte ihm gedankenverloren wie ein Schlafwandler. Der Museumswärter am Tor fragte den Chinesen, ob mit mir alles in Ordnung sei, und dieser nickte kurz. Das Karpfengesicht schaute mich neugierig und fragend an, doch rasch führte mich der Chinese nach draußen, die lange Treppe hinunter.
Mein Körper drehte sich noch einmal von selbst um und schaute zurück, um sich zu vergewissern, daß er wirklich in diesem Bau gewesen war. Der Zahn der Zeit war für Momente stillgestanden und hatte Himmel und Erde in mir aufgelöst. In diesem Augenblick war ich nicht fähig, diese Erfahrung vollumfänglich zu begreifen,

doch eines war sicher: dies waren Ausschnitte aus meinem früheren Leben gewesen. Der Anblick der Mumie in dieser besonderen Abendstimmung hatte in mir Urerinnerungen geweckt und mich für Bruchteile von Sekunden oder Jahren in meine Vergangenheit zurückkatapultiert.
Leise hörte ich die Stimme des Chinesen neben mir: „Mister Mongrave, Sie sollten aufhören, in astrale Gebiete zu wandern, diese Persönlichkeitsspaltung ist sehr gefährlich, denn sie schafft große Bindungen mit den Naturkräften dieser Welt und erschwert oder verhindert Ihnen gar den Weg ins Tao."
Ich war nicht in der Lage, ihm zu antworten, aber er hatte sogleich bemerkt, daß ich schon mehrmals ähnliche außerkörperliche Erlebnisse gehabt hatte, die mich immer unerwartet und ohne, daß ich es wollte, überraschten. „Wo wohnen Sie, Mister Mongrave? Mein Auto befindet sich hier in der Nähe, wenn Sie nichts dagegen haben, bringe ich Sie nach Hause", schlug er mir vor. Ohne Bedenken gab ich ihm die Adresse, und als wir vor dem Haus standen, fragte er mich, ob er noch rasch eintreten dürfe, da er mir etwas Wichtiges zu sagen habe. Während ich in der Küche etwas zum Trinken zubereitete, wartete er geduldig im Wohnzimmer. Irgendwie kam er mir bekannt vor, aber im Bilderbuch meiner Erinnerungen fand ich keine passende Erklärung.
Obwohl ich von ihm nichts wußte, nicht einmal seinen Namen, wußte er in kürzester Zeit sehr vieles von mir. Meine Seele schien für ihn ein offenes Buch zu sein, in dem er beliebig blättern konnte.

Inzwischen hatte ich mich erholt und brachte den Tee ins Wohnzimmer. Das warme Getränk schlürfend, meinte er: „Zum Glück habe ich Sie im Museum gefunden und nicht jemand anderes. Sicherlich hätten Sie einem Fremden einen Schrecken eingejagt, denn Ihr Körper war starr und Ihr Gesicht totenblaß. Mir war Ihr Zustand sogleich klar."

„Ich danke Ihnen, daß Sie mich nach Hause gebracht haben, aber sagen Sie, haben Sie mich mit jemandem verwechselt, da Sie mich ‚Mister Piters' nannten?" wollte ich von ihm wissen.

Mein Gehirn arbeitete fieberhaft und wollte vor Spannung und ob einer unerklärlichen Kraft fast platzen – ich hatte das unbestimmte Gefühl, als ob die nächsten Sätze des Fremden mein ganzes Leben auf den Kopf stellen würden.

„Kennen Sie mich denn nicht?" fragte er mich. Die Frage verunsicherte mich. In London gab es viele chinesische Restaurants. Vielleicht war er Besitzer eines solchen Lokals und hatte mich wiedererkannt, da ich ab und zu chinesisch essen ging. Sonst hatte ich keinen Kontakt zu Chinesen. Doch wie ich hin- und herüberlegte, wußte ich, daß alle diese Gedanken und Annahmen falsch waren, und so antwortete ich: „Es tut mir leid, aber ich kann mich nicht erinnern, Sie schon einmal gesehen zu haben."

„Nun gut, mein Name ist Mister Wang, sagt Ihnen dieser Name etwas?" fragt er. „Tut mir leid", antwortete ich, und er fuhr fort: „Und die Loge des Goldenen Drachens, sagt Ihnen dies etwas?"

Mir war, als ob sich eine Million unsichtbarer Zahnräder in meinem Gehirn in Gang gesetzt hätten, und plötzlich erinnerte ich mich an den äußerst intensiven Traum, den ich vor einigen Monaten hatte. In abgeschwächter Form waren es die gleichen Begebenheiten wie das Erlebnis im Museum. Nun wußte ich mit Sicherheit, daß dieser intensive Traum auch eine Seelenwanderung in meine Vergangenheit gewesen war. In derselben Nacht hatte sich mein Astralkörper wohl sehr weit vom physischen Leib entfernt und war durchs Schlüsselloch der Zeit in lang vergangene Zeiten zurückgewandert.
In dem Moment, als Mister Wang mich auf die Loge des Goldenen Drachens aufmerksam gemacht hatte, drang eine mächtige Kraft in mir hoch, im Zusammenhang mit dem Auftrag des goldenen Lotus.
„Erkennen Sie mich nun wieder? Ich habe Sie damals in Shanghai in die Loge eingeführt, es war in Ihrem vorherigen Leben. Sie sind ziemlich jung gestorben, aber bald wieder inkarniert. Die ewige Kraft des goldenen Bandes hat Sie dazu getrieben. In dieser inneren Verbundenheit mit dem leuchtenden Lichtstrahl der Ewigkeit findet man sich wieder in anderen Körpern und anderen Ländern, bis sich der große Plan verwirklicht hat."
Seine Worte waren mir vertraut und klar, es war, als hätte dieselbe Stimme seit Jahrtausenden immer wieder dieselben Worte gesprochen.
Er fuhr fort: „Sie wissen nun, Mister Mongrave, daß wir uns heute nicht zum ersten Mal begegnet sind, das höhere Gesetz des Lichtes hat es eingerichtet, daß Sie und

ich uns genau an diesem Tag und zu dieser Stunde im Museum getroffen haben. Wir sind bereits eine größere Gruppe Menschen, die sich auf ähnliche Weise wiedergefunden haben. Das Lichtschiff muß nun fertiggestellt werden, um seine Funktion in dieser Natur des Todes erfüllen zu können."

Seine Worte rissen mir die Schleier der Unbewußtheit herunter, allmählich erwachte ich aus dem schlummernden Zustand dieses Lebens.

„Erinnern Sie sich an den Lehrsatz der Loge: ‚Der Erwachte ist nicht bei sich, er ist bei allen. Er lebt geschlossen im Vielen, aufgetan im Einen.' Diese Weisheiten sind aus dem ‚Tao Te King'.

Das kosmische Puzzlespiel ist fast komplett, es fehlen nur einige Stücke, die noch eingefügt werden müssen, dann ist das göttliche Bild in der Zeit vollendet, und die Arbeit wird große Früchte tragen."

Wie ein Blitz durchfuhr es mein Gemüt: „Mister Wang, ich kenne mit Sicherheit einen Menschen, der ein weiteres Stück im göttlichen Zusammensetzspiel darstellt", sagte ich mit großer Überzeugung. Angespannt hörte mir Mister Wang zu, und dann fragte er mich nach dem Namen dieses Menschen, und als ich antwortete: „Mister Romanefski", sagte er: „Er ist es, er ist einer von uns. Wir wollen ihn morgen gemeinsam aufsuchen, aber jetzt muß ich gehen. Wenn es Ihnen recht ist, werde ich Sie am frühen Nachmittag abholen", sprach er und stand auf.

„Ich hätte noch eine Frage", sagte ich, „als ich damals mit Ihnen und May Lin in der Loge saß, war Mister Romanefski auch anwesend?" Nein, Mister Mongrave, er war damals im Auftrag des Goldenen Drachens in Indien, aber morgen wird sich vieles klären," setzte er befriedigt hinzu.

Ich begleitete Mister Wang bis zur Türe, wo wir uns verabschiedeten. Alleingelassen überlegte ich: Wo sollte ich beginnen, einzuordnen, was in so kurzer Zeit vorgefallen war? Eine blasse Vorahnung dessen, was die Zukunft betraf, drängte aus der Latenz ins Bewußtsein. Dieses Empfinden, Mister Romanefski schon immer gekannt zu haben, war nun leuchtend klar.

Am offenen Fenster stehend, atmete ich die frische Nachtluft ein und schaute zum wolkenlosen Himmelsgewölbe empor, wo Myriaden von Sternen und Sonnen mit ihrem silbrig-goldenen Licht flackerten, als strahlten sie alle gemeinsam ein und dieselbe Botschaft in den weiten Raum hinaus. Doch dahinter verbarg sich, durch das Sichtbare widergespiegelt, das Unsichtbare.

Ergriffen von einer drängenden Sehnsucht nach dieser fernen leuchtenden Heimat jenseits allen Denkens lag ich noch lange wach. Es war die blinde Energie des Ichs, die das Tor zum Universellen verbarg. Atemberaubende Bilder schossen aus dem Reich des Unbewußten empor und stellten klare Forderungen an mich.

Getrieben von der inneren Uhr, erwachte ich am frühen Morgen, und mein Blick wanderte zum leise tickenden Wecker, der direkt neben mir auf dem Nachttisch stand. Es war erst halb sieben. Die Dunkelheit der Nacht hatte sich aufgelöst. Bald hatte ich meine Morgentoilette

beendet. Ein feines unangenehmes Beben im Körper, das von einer leisen Gereiztheit meines Nervensystems ausging, nagte an meiner Seele.
Nicht fähig, auch nur einen klaren Gedanken zu fassen, wartete ich ungeduldig auf Mister Wang. Ich wußte, daß dieser Tag einschneidende Veränderungen in mein Leben bringen würde. Die zähflüssige Trägheit der Zeit machte sich heute besonders bemerkbar.
Endlich pochte es: Mister Wang stand mit total beherrschter Art vor mir und fragte mich: „Sind Sie bereit, Mister Mongrave?“ Meinen Anweisungen folgend, lenkte er den Wagen durch den dichten Verkehr. Wir sprachen kaum. Mister Wang war kein Mensch vieler Worte. Seine Gegenwart vermittelte mir das Empfinden einer grenzenlosen, glasklaren lichten Weite. Eine unerklärbare Energie strahlte von ihm aus, wie ich sie auch von Mister Romanefski her kannte.
„Wir sind gleich da“, ließ ich Mister Wang wissen, als wir in die kleine Seitenstraße einbogen. Als ich an der Türe klingelte, waren meine Nerven bis aufs Äußerste gespannt, und mein Blutstrom schoß wie ein reißender Bach durch meinen Körper.
Ich hörte, wie sich Mister Romanefski der Türe näherte und das feine Klicken des Schlüssels im Schloß. „Mister Mongrave, schön, daß Sie gekommen sind“, sagte er, doch sein sonst ruhiges, regungsloses Gesicht zeigte Erstaunen und Verblüffung, als er Mister Wang, der einige Schritte hinter mir stehengeblieben war, sah. Ohne zu zögern ging er auf Romanefski zu, um ihm die Hand zum Gruß zu reichen. Sogleich ergriff Mister Romanef-

ski seine Hand und stammelte leise und ergriffen: „Endlich!“ Es war wie eine wortlose Fusion der beiden, die jegliches Gefühl der Individualität auflöste und mir das Empfinden vermittelte, als stünde hier statt zweier nur ein Wesen.

„Die Loge des Goldenen Drachens hat ihr Bestimmung wieder gefunden. Aber wie habt ihr euch den kennengelernt?“ wollte Mister Romanefski wissen. „Aber bitte, treten Sie doch ein“, besann er sich. Die Begegnung war so überwältigend, daß wir wie angewurzelt auf der Türschwelle stehengeblieben waren.

Als wir in der Bibliothek saßen, überkam mich eine große Trauer. Ich mußte an all die verzauberten Augenblicke denken, die ich hier mit Natascha verbracht hatte. Mister Romanefski hatte meinen Zustand bemerkt und sagte: „Entschuldigen Sie uns für einen kurzen Augenblick, Mister Wang; bitte folgen Sie mir, Mister Mongrave.“ Wir standen im Garten, und er wies auf den großen Laubbaum, der mit jungem, leuchtend grünem Laub geschmückt war. Darunter war ein kleiner Erdhügel sichtbar, mit frischen Blumen bedeckt. „Heute Morgen habe ich die Urne hier vergraben, wie es Nataschas Wunsch gewesen war. Sie wissen ja, wie sehr sie diesen alten prächtigen Baum geliebt hat. Obwohl sie uns fehlt, gibt es keinen weiteren Anlaß mehr zur Trauer, denn Sie wissen, daß Natascha im ewigen Lichtreich voll bewußt weiterlebt und sich ihren neuen Bestimmungen widmet. Nun wollen wir Mister Wang nicht länger warten lassen, heute ist ein großer Tag für uns.“

Mister Wang bestand darauf, daß ich Mister Romanefski die Art, wie wir uns getroffen hatten, bis ins kleinste Detail schilderte. Als ich meine Erzählungen beendet hatte, sprach Mister Romanefski: „Schon seit vielen Jahren hatte ich die innere Gewißheit, daß sich mehrere Mitglieder der Loge des Goldenen Drachens in diesem Land aufhalten. Aber in dieser Richtung Nachforschungen einzuleiten, ist wahrlich nicht einfach. Seit ich Sie, Mister Mongrave, kennengelernt habe, war ich mir fast sicher, daß Sie ein Mitglied der Universellen Loge seien, und gelegentlich wollte ich Sie auch darauf ansprechen, doch nun hat sich ja alles von selbst geklärt.

„Die Loge in Shanghai existiert seit über siebenhundert Jahren, doch inzwischen hat sie ihren Namen geändert. Im ganzen Fernen Osten gibt es Logen, die mit der unseren in Kontakt sind. Alle haben dasselbe Ziel, die vollkommene Transfiguration des Menschen und die vollkommene Vergeistigung der Materie. Einige Mitglieder der Logen haben bereits einen so hohen Verwirklichungsgrad erreicht, daß es fürs menschliche Bewußtsein gänzlich unfaßbar und unbegreiflich ist. Aber Sie haben ja in Shanghai die Bekanntschaft eines der Meister gemacht, Mister Mongrave“, sprach Mister Wang. Seine Worte brachten augenblicklich Licht in die Gemächer meines Gehirns.

Einmal mehr erschrak ich ob meiner eigenen dumpfen Unbewußtheit. So viele Male waren große Zeichen und Bilder mit großer Kraft in mir hochgestiegen, doch ich hatte den Bewußtseinsgrad noch nicht erreicht, um sie vollkommen zu verstehen.

Plötzlich brannte wie ein glühendes Eisen eine Frage auf meiner Zunge. Sie hatte sich im Zusammenhang mit Mister Wangs Schilderung meines Todes im letzten Leben von selbst formuliert. Es war wie eine überwältigende, intensive Vorahnung, die ich fast nicht in Worte zu kleiden wagte.
Ich wollte mich an Mister Wang wenden, doch ich stutzte. Was war denn mit den beiden geschehen? Etwas Sonderbares fiel mir auf, doch das sah ich erst jetzt, da sie zusammensaßen. Beide hatten dieselbe unversehrte, unantastbare Ausstrahlung. Vergeblich versuchte das Begrenzte in mir das Unbegrenzte zu erforschen und zu verstehen. Mister Wang hatte meine Hilflosigkeit bemerkt und meinen pulsierenden Gedankenstrom gelesen.
„Mister Mongrave", sagte er. „es ist an der Zeit, daß wir Ihnen ein tiefes Geheimnis lüften. Seit über fünfhundert Jahren habe ich dieses irdische Lebensfeld nicht mehr verlassen und immer denselben Körper behalten. Es ist das große Geheimnis der göttlichen Alchemie, eine Formel, die Leben und Tod überwindet und alle Materie vergeistigt. Der Grund, weshalb ich so lange im selben Körper auf der Erde lebe, besteht darin, daß ich von der großen Loge einen besonderen Auftrag erhalten habe, den ich zu diesem Zeitpunkt nicht erläutern kann."
Augenblicklich schaute ich gespannt zu Mister Romanefski, der aber stumm blieb und alle weiteren Erklärungen Mister Wang überließ. „Mister Romanefski hat in der vorherigen Inkarnation den Tod völlig überwunden, hat aber im hohen Alter den irdischen Körper ab-

gelegt und ist sogleich in die höheren göttlichen Lebensfelder eingegangen. Aus freiem Willen ist er noch einmal inkarniert, da er seine neue Aufgabe auf dieser Ebene wahrnahm."

Still saß Mister Wang da und beobachtete die Wirkung, die seine Worte auf mich ausübten – sie war total. Dieses seelische Kunstwerk war für mich völlig unfaßbar. Sein vergeistigter Leib war ein in Materie gekleidetes Gedankenbild, das aus dem universellen Lichtmeer lebte. Jegliche Worte und Assoziationsmöglichkeiten waren in meinen Gehirnzellen ausgelöscht. Ich kam mir vor wie ein Knabe an seinem ersten Schultag.

Aus zeitloser Ferne vernahm ich die Stimme Mister Romanefskis, der sich an Mister Wang wandte: „Ich werde nach Indien reisen und die Meister aufsuchen, damit sie unsere Arbeit segnen, und ich werde sie bitten, die Lichtströme der ewigen Welt mit den unseren zu verbinden, damit unsere kommende Arbeit die richtige Richtung und Dynamik erhält. Sicher können Sie uns auch sagen, ob sich zur Zeit noch Mitglieder der Universellen Loge in diesem Land befinden?" Mister Wang nickte zustimmend und meinte: „Ja es ist der richtige Zeitpunkt, um diese Schritte einzuleiten. Wissen Sie, Mister Mongrave, Mister Romanefski hat schon seit langen Zeiten immer wieder die Aufgabe übernommen, den Kontakt mit den Meistern aufzunehmen. Das ist immer erst dann möglich, wenn sich wieder die nötige Konstellation erfüllt hat. Erst, wenn die Loge mit der Zeit wieder ihre Aufgabe wahrnimmt, können wir uns erneut an die unsterblichen universellen Meister richten."

„Möchten Sie mich begleiten, Mister Mongrave?“ fragte mich Mister Romanefski unvermittelt. Ohne auch nur einen Augenblick zu zögern, ertönte aus meinem Inneren heraus die Antwort: „Sehr gern!“
„Gut, ich werde morgen die nötigen Vorbereitungen treffen, damit wir baldmöglichst reisen können.“ Mister Wang nickte zufrieden und sprach: „Das Netz des All-Geschehens hat große und kleine Maschen. Wenige sehen es, doch niemand entgeht ihm. In dieser Endphase der Weltgeschichte muß und wird sich das erlösende Licht mit seiner Herrlichkeit und unbegrenzten Macht in dieser Todesnatur offenbaren.
Leider muß ich nun gehen, ich habe noch eine Verabredung. Gerne würde ich Sie noch sehen, bevor Sie abreisen. Damit ich es nicht vergesse: Hier ist meine Adresse, da können Sie mich erreichen“, sagte er zu Mister Romanefski, indem er ihm eine Visitenkarte überreichte.
„Möchten sie gleich mitfahren, Mister Mongrave?“, fragte er mich. Mein Blick suchte jenen von Mister Romanefski, und augenblicklich war die Antwort klar: „Danke, aber ich werde noch eine Weile hierbleiben“, sagte ich.
Mister Wang verabschiedete sich von mir, und Mister Romanefski begleitete ihn hinaus. Ein titanischer Lichtstrom zirkulierte in mir. Die Erklärung von Mister Wang hatte mich erhoben und mein Weltbild um einige Dimensionen erweitert.
Die Haustüre fiel ins Schloß, und sogleich näherten sich die Schritte Mister Romanefskis. Nachdem er das Zimmer betreten hatte, setzte er sich still neben mich.

Er ahnte, in welcher Verfassung ich mich befand. In meinem Gehirn klaffte eine gähnende Leere, ein Zustand, in den kein einziger Gedanke einzudringen vermochte.
Nach langem Schweigen räusperte er sich und sagte leise: „Es beschäftigt Sie, daß ein Mensch so lange im gleichen Körper existieren kann. Dafür muß er einen hohen Grad der Selbstübergabe erreicht haben, in der er vollkommen in der göttlichen Subjektivität lebt und atmet. Der menschliche Körper setzt sich aus vielen Billionen Zellen zusammen, und diese Zellen haben die Fähigkeit, Eindrücke und Informationen aufzunehmen und diese allen Zellverbänden und Organen bis ins Blut zu übermitteln. Wenn ein Mensch sein ganzes Wesen unaufhörlich und ununterbrochen auf die göttliche Vollendung abstimmt, dann wird dem ganzen Organismus eine völlig neue andersartige Information zugeführt, die ihren Reflex im strahlenden Christus-Prinzip hat und somit allmählich die Geburt des ewigen Gottmenschen ermöglicht.
So verwandelt sich die Zellstruktur vollkommen, und jegliche Informationen und Projektionen des Todes, der Vergänglichkeit und des Verfalls werden restlos gelöscht. So wird der Leib zu Licht und reiner Gotteskraft."
Andächtig lauschte ich seinen Erklärungen, und mir wurde dabei klar, daß Mister Romanefski ein Mensch war, der Mann und Weib in sich zur Einheit verschmolzen und damit Unsterblichkeit erlangt hatte.
Angesichts dieser Vollendung kam ich mir wie ein Dilet-

tant vor, der zwar kleine Stufen auf dem leuchtenden Pfad zurückgelegt hatte, aber immer noch dem vordergründigen Menschen zuviel Beachtung schenkte. Immer wieder hatte ich mich an leblose Objekte geklammert und den Spuk meiner nebelhaften Vergangenheit im Zeiträumlichen stets von neuem belebt.
Ich ahnte, daß Mister Romanefski über unbegrenzte Möglichkeiten verfügte, von denen gerade nur die Spitze des Eisberges sichtbar war.
„Es freut mich sehr, daß Sie sich entschlossen haben, mich nach Indien zu begleiten. Die Reise wird sicher eine einzigartige Erfahrung für Sie werden. Mehrere Jahre habe ich dort gelebt; schon lange war es mein Wunsch, wieder einmal meine Freunde zu besuchen, doch der sich ständig verschlechternde Gesundheitszustand von Natascha hatte mich bisher davon abgehalten. Nun, da ich Sie kennengelernt und auch Mister Wang getroffen habe, bekommt die Reise einen tiefen Sinn. Es ist schon sehr lange her, seitdem ich die Meister zum letzten Mal getroffen habe, es war in der inneren Mongolei.
Mister Wang und ich haben im Laufe der Zeiten viele Male am großen Erlösungswerk zusammengearbeitet und uns immer wieder durch meinen körperlichen Tod aus den Augen verloren. Doch das göttliche Gesetz, das goldene Band, hat uns wieder zusammengeführt, und ohne Worte zu verlieren, ist uns der Grund unseres erneuten Zusammentreffens jeweils sofort klar geworden. Obwohl der Auftrag in verschiedenen Zeiten verschiedene Gesichter hatte, war er doch immer derselbe."

Die ungezwungene, unpersönliche, bedingungslose Vertrautheit, die die beiden verband, beeindruckte mich tief.
Ausgerechnet jetzt schoß ein Gedanke an Sir Arthur Cunningham durch mein Wesen. Als ob mir ein Würgeengel die Kehle zugeschnürt hätte, um mich am Sprechen zu hindern, schluckte ich leer und atmete schwer. Der Gedanke an ihn entfachte ein unheiliges Feuer in meinem Nervenäther, und ich fühlte mich plötzlich aus unerklärlichen Gründen miserabel.
„Ist Ihnen nicht gut?" frage mich Mister Romanefski besorgt, der mein Unwohlsein bemerkt hatte.
Mir war klar, daß ich ihm nicht ausweichen konnte, und so erzählte ich mit flackernder Stimme von Mister Clive und Sir Arthur Cunningham. Ich schilderte, wie Sir Arthur Cunningham mich in sein Arbeitszimmer geführt hatte, wo ich förmlich spürte, wie die dunklen Mächte der Gegenwelt ihre unsichtbaren Klauen nach mir ausstreckten. Ich erzählte weiter, wie diese Geister mich wie eine Sturmflut überschwemmen wollten, als er das Tor ferner Vergangenheit öffnete. Der ganze Schutt früherer Leben drängte wie ein bösartiger Dämon aus dem Urgrund nach oben.
Doch indem ich dem Gesetz des Lichtes folgte und mich sogleich auf die hohe Vibration des Christuslichtes einstellte, war es mir möglich gewesen, diese dunklen Mächte zu neutralisieren. Trotzdem wurde ich das ungute Gefühl nicht los, daß Sir Arthur Cunningham eine seiner dunklen Projektionen in meiner Seele zurückgelassen hatte. „Ich weiß nicht, was ich noch tun könnte,

um mich endgültig seinem Griff zu entziehen", fügte ich nachdenklich hinzu.
Mister Romanefski antwortete: „Es gibt leider noch sehr viele lichtscheue Gestalten auf dieser Erde. Ich bin froh, daß Sie sich mir anvertraut haben. Machen Sie sich darüber keine Sorgen mehr, in den nächsten Tagen wird der Spuk endgültig beendet sein. Wir wollen diesen dunklen Schatten von Ihrer Seele entfernen, so daß Sie endgültig frei von diesen irdischen Schlacken sein werden. Wissen Sie, solange nicht alle Schatten aus der Seele getilgt sind, ist man immer noch Bürger dieser zwielichtigen Welt", erklärte er mir.
Seine Worte wirkten wie Balsam auf mein angespanntes Nervensystem. Ich war überaus glücklich, einen solch wertvollen Freund gefunden zu haben.
Fernes Läuten von Kirchenglocken drang ins Zimmer, und damit zog das Zeitgefühl wieder in meinen Körper ein. „Es ist schon spät, es wird Zeit, daß ich nach Hause gehe", erklärte ich.
„Kommen Sie in zwei Tagen wieder, bis dahin werde ich genau wissen, wann wir fliegen können", schlug er mir vor.
Als ich mich in meiner Wohnung befand, versuchte ich Ordnung in mein Denken zu bringen, was mir vorerst überhaupt nicht gelang. Zuviel hatte ich an diesem Tag erlebt, und doch gab es vor meiner Abreise noch so vieles zu erledigen.
Eine Unmenge Kristallisationen, die sich im Laufe der Zeit in meiner Psyche angesammelt hatten, waren heute zerbröckelt. Doch die daraus resultierende Wirkung

stand erst als blasse Vorahnung vor mir. Es war mir, als wolle die göttliche Welt mit aller Macht in mich eindringen und in mir Wohnung nehmen. Der vordergründige Mensch, die Fata Morgana der Persönlichkeit, begann sich zu verflüchtigen, und mir wurde bewußt, wie sehr das überlagerte Oberflächenwesen, das wir Mensch nennen, ein Wesen dieser Welt war.

Nie hätte ich geglaubt, daß Menschen unter uns lebten, die bereits einen solch hohen Verwirklichungsgrad erreicht hatten und ständig bemüht waren, das Gute in dieser Welt zu vermehren. Sie erschienen unauffällig als Bürger dieser Welt, doch in Wahrheit waren sie Bürger einer anderen, göttlichen Welt. Erfüllt von diesem totalen Wissen, legte ich mich zwischen die kühlen Laken und schlief bald ein.

Die innere Erfahrung war so stark gewesen, daß sich aus dem Unbewußten ein Traumsymbol manifestierte. In einem spärlich beleuchteten Raum saß ein alter Mann an einem Tisch vor einem großen Zusammensetzspiel. Es fehlten ihm nur noch drei Stücke, um das Bild zu vervollständigen. Als er sorgfältig das letzte Stück eingeführt hatte, erschrak er heftig, denn das Bild zeigte ihn selbst. Das Letzte, das er noch wahrnahm, war, wie das Glas, das vor ihm auf dem Tisch stand, in tausend Stücke zersprang.

Das laute Klopfen an der Türe kündigte Clementine an. Schlaftrunken öffnete ich die Türe, und krächzend rügte sie mich: „Es ist schon acht Uhr, und Sie sind immer noch im Bett! Was ist denn aus Ihren Morgenspaziergängen geworden?“ Ihre Stimme hatte etwas Anklagendes, aber ich wußte, daß sie mir signalisieren wollte, daß ich ihr bei ihrer Arbeit nicht im Weg stehen sollte. Als sie fertig war, rief ich sie in die Küche, wo ich gefrühstückt hatte, und erklärte ihr: „Ich muß Ihnen etwas Wichtiges mitteilen, nehmen Sie Platz." Ungeduldig rutschte sie auf dem Stuhl hin und her, ihre kerzengeraden grauen Haare aus dem spitzen Mausgesicht streichend. Sie beugte sich leicht schnuppernd nach vorne, als würde sie eine Gehaltserhöhung riechen. „Ich werde für längere Zeit verreisen, Sie brauchen also vorläufig nicht mehr zu kommen, doch sobald ich zurück bin, werde ich es Sie wissen lassen." Sie wurde blaß, und um ihre schmalen Lippen zuckte es nervös, als suchte sie nach Worten.

Eine ihrer Einnahmequellen war vorübergehend versiegt, und das stimmte sie gar nicht glücklich. Doch kaum hatte sie sich gefaßt, spürte ich, wie mir die Saugkräfte ihrer Neugierde eine Erklärung über mein Reiseziel zu entlocken versuchten. Ich hütete mich aber davor, ihr etwas darüber zu erzählen, denn ich wußte, daß sich das Geschwätz sonst im ganzen Quartier wie eine ansteckende Krankheit verbreiten würde.

Sie konnte es nicht lassen, mich mit heuchelnder Stimme zu fragen, indem sie an ihrer Schürze nestelte: „Fahren Sie zu Verwandten?" „Ja", antwortete ich kurz und nahm meinen Geldbeutel aus der Tasche. An diesem Tag bezahlte ich ihr nochmals das Doppelte, und diese Geste schien ihre brennende Neugierde etwas zu besänftigen. Gleich dreimal hintereinander wünschte sie mir eine gute Reise und tänzelte erregt wie eine Tanz-

maus zur Ausgangstüre. Im Laufe des Tages besuchte ich noch Mister Clive, Mister Thompson und Mister Smith, um ihnen mitzuteilen, daß ich für eine Weile verreisen würde.
Aufgeregt begann ich den Koffer zu packen, zumal ich nicht genau wußte, wann die Reise beginnen würde.

Geheimnisvolles Indien

Am übernächsten Tag stand ich schon am frühen Nachmittag an Mister Romanefskis Tür und klingelte.
Er bat mich nach oben und sagte mit fast feierlicher Stimme: „Bitte, setzen Sie sich, ich habe eine gute Nachricht für Sie. Warten Sie, ich hole rasch die Dokumente in meinem Arbeitszimmer.“ Obwohl seit meinem letzten Besuch in diesem Haus erst zwei Tage vergangen waren, schien es mir, als ob eine Ewigkeit verstrichen sei. Wo wohl jetzt Mister Wang sein mochte? Trotz seiner chinesischen Unnahbarkeit war er ein außerordentlich offener und herzlicher Mensch.
Mister Romanefski kam zurück und legte die Dokumente auf den Tisch. Erfreut sagte er: „Wir haben Glück, übermorgen können wir fliegen, und morgen kann ich die Flugscheine abholen. Wir haben einen Nachtflug nach Bombay, und von dort werden wir weiter nach Madras in Südindien fliegen.
Dort wohnt ein langjähriger Freund von mir, er wird uns sicher weiterhelfen, die Meister zu finden. Es ist nicht einfach, sie zu finden, denn sie halten sich nie zweimal am

gleichen Ort auf und kommen nur, wenn es sich um eine wichtige Angelegenheit handelt, doch es gibt immer Menschen, die ihren Aufenthaltsort kennen."
Die Intensität seiner Schilderung schien mir augenblicklich Flügel zu verleihen, mir war, als ob ich schon unterwegs sei und die ersten Eindrücke dieses fernen, fremden Landes wahrnehmen könne.
„Mister Mongrave, ich möchte Sie gerne zu dieser Reise einladen, wenn es Ihnen recht ist", schlug mir Mister Romanefski vor. Schattenhafte Nebel trübten augenblicklich meine Stimmung. Ohne sich dessen bewußt zu sein, hatte er einen empfindlichen Punkt meines Wesens getroffen. Schenken war mir immer leicht gefallen, aber das Annehmen eines Geschenkes hatte mir immer große Mühe bereitet. Ich wußte weder ein noch aus, und am liebsten hätte ich ihm gesagt, ich wolle die Reise doch lieber selber bezahlen, doch andererseits wollte ich ihn nicht verletzen.
Wieder einmal mehr hatte mich meine konservative Erziehung eingeholt. Es blieb mir nichts anderes übrig, als über meinen Schatten zu springen, und so würgte ich ein gepreßtes „Oh, ich danke Ihnen sehr!" hervor und fügte noch hinzu, weil es sich so gehörte: „Aber das wäre doch wirklich nicht nötig."
Mister Romanefski winkte nur kurz ab, denn für ihn war die Sache schon erledigt. Einmal mehr wurde mir bewußt, daß meine Seele für ihn wie ein offenes Buch war, denn er meinte beiläufig: „Schwierigkeiten, mit denen man sich abmüht, hören in dem Augenblick auf zu existieren, da man ihre Unwirklichkeit durchschaut und

ihnen keine Beachtung mehr schenkt.“ Wieder einmal hatte er den universellen Maßstab gesetzt und mir das richtige Heilmittel gereicht.

Ich saß da, als hätte jemand einen Eimer kaltes Wasser über mich geschüttet. Seine Art, etwas auszudrücken, ohne zu verletzen, zeugte von seiner großen Demut und bedingungslosen Hingabe an die göttliche Welt. Es war diese läuternde Energie, die mich jedesmal erfüllte und durchglühte, wenn ich in seiner Nähe war.

Wie ein Blitz wurde mein Geist erleuchtet, und erst jetzt wurde mir die Bedeutung dieser Reise voll bewußt. Es wird eine Reise nach innen, das Resultat, der Reflex, wird das sein, was ich außen erleben werde, sinnierte ich. Jetzt sah ich klar, daß sich die unergründliche Welt, wie wir sie wahrnahmen, aus einer unbegrenzten Vielzahl von Vibrationszuständen zusammensetzte, die ihren Ursprung im Kern des menschlichen Bewußtseins hatten. Wahrlich, die Welt war ein mentales Konzept, mit dem wir uns irrtümlicherweise identifizierten, erkannte ich.

„Dürfte ich Sie zum Nachtessen einladen?“ fragte ich ihn, und er sagte gerne zu. Wir kannten in der Nähe ein gutes indisches Restaurant, in dem ich ab und zu mit Natascha gegessen hatte. Mister Romanefski sagte: „Ich will mich nur noch rasch umziehen, Sie könnten sich inzwischen in der Bibliothek umsehen, dort gibt es sicher Bücher, die Sie interessieren.“

Ich empfand überhaupt keine Lust zu Lesen, und so saß ich nachdenklich da. Bilder und Gespräche, die ich mit Natascha hier geführt hatte, stiegen unwillkürlich in mir

auf. Bruchstückhaft versuchte ich, mich ihrer lieblichen Körpergestalt zu erinnern und merkte nicht, daß ich mit großer Konzentration ein Bild, das ich von ihr geschaffen hatte, wieder frisch belebte. Im Geiste versuchte ich Natascha wieder in einen Fleischkörper zu zwingen. Ich wollte sie wieder hier haben und mich mit ihr unterhalten. Brennende Sehnsucht ergriff mich, ich verspürte den Wunsch, in ihrer Nähe zu sein und ihre Hand in die meine zu nehmen. Plötzlich erschrak ich heftig, denn da stand sie vor mir. Doch augenblicklich war mir bewußt, daß dies nicht Natascha war, obwohl ihr Äußeres genau meinen Vorstellungen entsprach.
Das weibliche Wesen grinste mich mit blutleeren Augen an und winkte mir verheißungsvoll zu. Ich war dermaßen schockiert, daß ich zuerst unfähig war zu reagieren. Mir wurde bewußt, daß sich als Ergebnis meines unersättlichen Drängens und der unkontrollierten Sehnsucht eine mentale Projektion verdichtet hatte. Ich hatte tatsächlich ein Phantom geschaffen.
Grauen und Ekel überkamen mich. Eine rohe Wut mir selber gegenüber packte mich mit aller Gewalt. Jede Zelle meines Wesens schrie, und ich wurde von einem mächtigen Feuer ergriffen, das sich zu einer Explosion zusammenballte. Plötzlich schrie eine übermenschliche Stimme aus dem Urgrund meiner Seele: „Hebe dich hinweg von mir, Satan." Augenblicklich war der Spuk verschwunden. Mister Romanefski kam ins Zimmer gestürzt und fragte aufgeregt: „Um Gottes Willen, was ist denn geschehen, Sie sind ja totenblaß!"
Ich schämte mich so sehr, daß ich keine Worte fand, um

Mister Romanefski meine selbstsüchtige Ignoranz zu erklären. Diese schreckliche Projektion hatte mir meine ganze Energie entzogen. Ich war schwach und leer. „Warten Sie, ich hole Ihnen ein Glas Wasser", meinte Mister Romanefski besorgt.
Das kühle Naß rann meine trockene Kehle hinunter. Sofort fühlte ich mich etwas besser.
Ich hatte das Totenreich angerufen und prompt eine Antwort erhalten, obwohl ich in meinem Innersten genau wußte, daß sich Natascha nicht mehr in dieser Gegenwelt aufhielt.
„Wollen wir trotzdem noch essen gehen?" fragte er in einem nachdenklichen Ton. Inzwischen hatte ich mich wieder einigermaßen gefaßt und verspürte Hunger. In keiner Weise drängte er mich zu einer Erklärung, doch ich nahm mir vor, ihm zu gegebener Zeit über das Vorgefallene zu berichten; aber ich war mir nicht sicher, ob er nicht schon wußte, was geschehen war.
Drei Straßen weiter war das indische Restaurant. In verschnörkelter goldener Schrift stand über der Eingangstüre: „The golden shalimar". „Einen Tisch für zwei?" fragte uns ein dunkelhäutiger Kellner mit einer süßlichen Stimme, die dem Duft der Räucherstäbchen angepaßt war. Ihr Geruch verband sich mit dem starken Duft nach Curry, der diesen Raum beherrschte.
Das Lokal war spärlich beleuchtet und in viele kleine Nischen unterteilt. An der abgeschossenen dunkelroten, mit Gold verzierten Tapete hing ein vergilbtes Poster vom Taj Mahal. Kaum hatten wir uns gesetzt, stand schon der Kellner mit einem Krug Trinkwasser und der

Speisekarte da und zog sich sogleich wieder hinter die Theke zurück, wo noch ein anderer Inder stand, der für den Ausschank der Getränke und die Kasse verantwortlich war. Es waren nicht viele Gäste im Raum, so daß sie sich Zeit nahmen, uns neugierig zu mustern, jede Geste von uns studierend. Kaum hatte Mister Romanefski den Kopf gehoben, stand schon der Kellner neben dem Tisch, um die Bestellung aufzunehmen. Allerdings mußten wir danach dem orientalischen Zeitmaß entsprechend über eine Stunde warten, bis das Essen kam.

Dies störte uns nicht so sehr, denn wir waren bald in ein angeregtes Gespräch vertieft. Mister Romanefski erzählte mir, daß er längere Zeit in China und Japan gelebt habe, aber später mit Frau und Tochter nach England gezogen sei. Mir fiel auf, daß er trotz seiner ausführlichen Erzählungen nie Aufschluß darüber gab, wie er seinen außerordentlich hohen geistigen Zustand erreicht hatte.

„Kellner“, rief eine heisere Stimme aus dem Hintergrund. Man hörte, daß die Zunge durch schweren Wein gehemmt war. Die angeregte Gesellschaft, die irgendwo weiter hinten in einer Nische saß, wollte bezahlen. Der Kellner eilte verunsichert mit der Rechnung in der Hand an uns vorbei. Mit einem erzwungenen Lächeln versuchte er sein Unwohlsein zu verbergen, aber das nützte ihm nichts, denn nun donnerte die heisere Stimme los: „Das Essen und die Bedienung sind miserabel!“, knurrte der Gast, seine Überlegenheit genießend. Mit zitternden Knien öffnete der Kellner den Herrschaften

die Türe, sich immer wieder für die Unannehmlichkeiten entschuldigend. Als der letzte dieser Gäste das Lokal verlassen hatte, fühlte man förmlich die Entspannung im Raum.
Der Kellner kam zu uns, um sich auch bei uns für die Störung zu entschuldigen. Mister Romanefski beruhigte ihn in seiner eigenen Muttersprache, was den Kellner völlig überraschte. Mit feuchten Augen kam er mit zwei frischen Mangofrüchten zurück, die er uns zum Dank schenken wollte.
Auch ich war überrascht darüber, Mister Romanefski in dieser fremden Sprache sprechen zu hören. Gelassen erklärte er mir, daß er Hindi gelernt habe, als er sich in diesem Land aufhielt. Er gab mir zu verstehen, daß ich nur wenig und leichtes Gepäck mitnehmen sollte, da es in Madras sehr heiß sein werde.
Der Kellner blickte mit leicht geöffnetem Mund zu uns herüber und bestaunte Mister Romanefski. Als wir an der Tür standen, fragte er uns mit beschwörender Stimme, ob wir wiederkommen würden, was ihm Mister Romanefski bestätigte. Beruhigt atmete er auf.
Es war schon spät, als ich durch den dunklen Hausflur ging und in meiner Jackentasche nach dem Wohnungsschlüssel kramte. Die lähmende Trägheit meiner alltäglichen Gewohnheiten und die Verwurzelung an einem Wohnort wurden mir in diesem Augenblick klar bewußt. Das fremde Essen und die starken Gewürze machten meinem Magen ungewöhnlich viel Mühe. Er rebellierte und hielt mich die halbe Nacht wach. Doch ich wußte, daß ich mich so schnell wie möglich an diese

Kost gewöhnen mußte, denn das war das Einzige, was ich in der nächsten Zeit zu essen bekommen würde.
Als ich frühmorgens aufwachte, verspürte ich ein seltsames Gefühl, als ob ein Teil meiner selbst bereits abgereist sei. Mir war, als hörte ich lichte Stimmen aus inneren Galaxien, die sanft zu meinem Herzen sprachen, um mir zu bestätigen, daß dies eine Reise nach innen sein werde. Erst jetzt begann sich die goldene Herzblume (Herzchakra, Geistzentrum) in ihrer ganzen Schönheit zu entfalten. Das Bild des alten Mannes, der ich war, löste sich allmählich wie Butter in der Sonne auf. Deutlicher denn je sah ich die Lichtspur, der ich folgen mußte, um das dunkle Schiff zu verlassen.
Der Tag schlich dahin, längst war ich bereit zum Reisen. Immer häufiger wanderte mein Blick zur alten Wanduhr, deren leises knackendes Zahnradwerk mir das Älterwerden meines Körpers bewußt machte.
Am späten Nachmittag spazierte ich durch den grünenden Park. Es regnete. Meinen breitrandigen Hut hatte ich weit nach vorne ins Gesicht gezogen, und trotzdem näßte der feine Nieselregen meine Haut. Gemächlich spazierte ich durch die lange Allee und bewunderte das leuchtend grüne Laub, das die dunkelbraunen Äste zierte.
Ein streunender Hund trippelte an mir vorbei, seine Nase schnuppernd den Wegrand entlangführend, auf der Suche nach neuen Düften, an denen er sich sichtlich zu ergötzen schien. Als er direkt neben mir stand, hielt er inne und schaute mich kurz an, als wolle er mir einen stummen Gruß übertragen. Ein feiner Windstoß

trug den herben Geruch seines nassen Felles in meine Nase.
Gedankenverloren schaute ich dem Regen zu, wie er in feinen transparenten Fäden nach unten strömte und auf dem Boden aufschlug. Eine aufgeschreckte Krähe flog laut krächzend auf. Irgendwie hatte ich das Empfinden, als ob diese Eindrücke und Situationen mit meinem Inneren etwas zu tun hatten. Es war wie ein Erkennen auf einer anderen Ebene: Das Ein- und Ausatmen der Bäume, der streunende Hund, die aufgeschreckte Krähe und das launische Wetter.
All das waren Entsprechungen, die ich in der Anlage meiner begrenzten Persönlichkeit wiedererkannte. Ich verspürte keine Lust, mich weiter in diese Gedankengänge zu vertiefen, um ihnen einen rationellen Stempel aufzuprägen.
Am anderen Ende des Parks stand das rote Plastikhäuschen der Bushaltestelle. Die Wände waren mit rassistischen Parolen verschmiert, und die Mülltonne daneben war völlig überfüllt. Beim Vorbeigehen sah ich im Inneren ein eng umschlungenes Liebespaar, die lustgebundenen Körper von der scharlachroten Liebesgöttin entfacht. Die Natur spielte in ihrem grenzenlosen Drang nach Vermehrung ihre ganze Kunst aus.
Die vielen Enttäuschungen und Leiden, die ich in meinen Liebesbeziehungen erlebt hatte, zwangen mich, aus Angst vor ähnlichen Erfahrungen, in die Verbannung eines selbstsüchtigen, eigenbrötlerischen Junggesellentums. Meine sinnliche Abgestorbenheit und die damit verbundene Gefühllosigkeit zehrten beim An-

blick dieses jungen Liebespaares an meinem Herzen. In den Abgründen meiner Erinnerung brannten noch einige Bilder meiner vergangenen Liebschaften, die nun, als ob sich eine verborgene Kammer geöffnet hätte, in mir hochstiegen, aber sogleich wieder entkräftet zurücksanken.

Frühabends legte ich mich zu Bett, und plötzlich wurde mir voll bewußt, daß der dunkle Fleck, den Sir Arthur Cunningham in meiner Seele hinterlassen hatte, restlos verschwunden war. Eine unsichtbare Hand aus der göttlichen Welt hatte mich aus dieser Schattenwelt befreit, und insgeheim hoffte ich, daß sie gleichzeitig auch Mister Clivs Seele berührt hatte. Endlich war es soweit. Aufgeregt stand ich mit meinem kleinen Koffer vor Mister Romanefski, der mich mit freundlichem Lachen begrüßte. Deutlich zeigte sich die Freude über die bevorstehende Reise in seinem Gesicht.

Stunden später standen wir in der großen Halle des Flughafens, umgeben von einer vielfarbigen multinationalen Menschenmenge. Eine leicht überspitzte Atmosphäre, eine Mischung von Angst, Erwartung, Freude und Ungeduld, herrschte hier.

Afrikaner, die in einer ganzen Sippe reisten, standen in ihren bunten Kleidern eng zusammen, während die Kinder auf den Koffern saßen und Micky-Maus-Hefte lasen. Araber in blütenweißen Gewändern schauten gebannt auf die Anzeigentafel, wo soeben die rote Lampe aufleuchtete zum Zeichen, daß sie nun das Flugzeug betreten konnten.

Obwohl sich am Schalter der Air-India noch kein Perso-

nal eingefunden hatte, wartete schon eine lange Schlange Reisender, als befürchteten sie, daß das Flugzeug ohne sie starten könnte. Da waren viele Inder mit ihren Familien und überdimensionalem Gepäck. Ich fragte mich, wie die zum Teil kleinwüchsigen und mageren Männer die riesigen Koffer und Kartonschachteln überhaupt vom Boden heben, geschweige denn tragen konnten. Selbstbewußte indische Geschäftsleute standen in teuren Maßanzügen, mit Aktenkoffern in der Hand, in angemessenem Abstand von den anderen Indern. Es schien ihnen sehr wichtig zu sein, den Unterschied zwischen sich und dem normalen Volk herauszustreichen. Vor uns stand ein jüngeres englisches Paar, das sehr ungepflegt angezogen war. Die Haare der Frau waren fettig und verfilzt, und die Gesichter der beiden waren ausgemergelt und eingefallen vom übermäßigen Drogenkonsum. Die zehrende Sucht hatte ihnen ein trauriges Schattendasein beschert.
Immer wieder hallten Aufrufe einer unsichtbaren Stimme aus den Lautsprechern, mit der dringenden Aufforderung an benannte Personen, sofort zum startbereiten Flugzeug zu kommen. Eine größere Gruppe Japaner eilte, wie eine Herde Schafe dem Leithammel, blindlings dem Reiseführer nach. Sie trugen teure Fotoapparate oder schwere Videokameras mit sich, als ob es integrierte Körperteile wären. Alle waren tadellos und fast uniform angezogen und wirkten mit ihrer unruhigen Gangart, als wären sie schon jahrelang auf Reisen.
Ein Raunen ging durch die wartende Menge der Air-India, denn das Personal am Schalter war erschienen.

Mister Romanefski sprach kaum, in Gedanken war er an einem völlig anderen Ort. Wir mußten erfahren, daß das Flugzeug zwei Stunden Verspätung hatte, doch nach langem Warten konnten wir in schwindelnder Höhe unsere Mahlzeit einnehmen. Ein Säugling schrie aus Leibeskräften, ihm schien der Flug gar nicht zu behagen, und alles Zureden der Mutter half nichts.
Nach langem Schweigen sagte Mister Romanefski: „In Madras wird uns jemand erwarten, der uns ins Hotel führt." Und er fuhr fort: „Natascha hatte mir erzählt, daß Sie schon ziemlich viel gereist sind?"
„Ja, das stimmt", entgegnete ich, „doch die Länder des Fernen Ostens kenne ich gar nicht." Irgend etwas störte mich bei diesem Satz. Obwohl ich diese Länder noch nie besucht hatte, waren sie mir innerlich doch sehr vertraut. Nichts Konkretes, sondern eher ein unbewußtes Grundgefühl vibrierte in meiner Seele.
„Wir wünschen Ihnen einen guten Morgen, in Kürze werden wir Ihnen das Frühstück servieren, und in einer Stunde landen wir in Bombay", weckte mich eine sanfte Lautsprecherstimme.
Als ich lokalisiert hatte, wo ich war, sah ich verwundert, daß Mister Romanefski nicht wie erwartet neben mir in seinem Sitz saß. Fasziniert schaute ich zum Fenster hinaus und sah, wie die Nachtschatten dem hellen Morgenlicht Raum gaben und weit unter uns die dichte, weite, weiße Wolkendecke wie feine Zuckerwatte die Erde einhüllte.
„Guten Morgen, haben Sie gut geschlafen?" fragte mich Mister Romanefski, der plötzlich, ohne daß ich es

bemerkt hätte, frisch rasiert neben mir aufgetaucht war. „Danke, ja, ich muß wohl sehr lange geschlafen haben, da wir ja schon fast unser Ziel erreicht haben“, antwortete ich.

Hinter mir vernahm ich das leise Stöhnen einer älteren Frau; sie betete zu Jesus Christus. Ihr fliegender Atem zeugte von ihrer großen Flugangst, was ich förmlich im Nacken spürte. Mister Romanefski blätterte gelassen in einer indischen Tageszeitung, die ihm das Flugpersonal gebracht hatte. Irgendwie kam er mir jetzt ganz anders vor, noch tiefer und unergründlicher.

Ein starker Ruck, wir waren gelandet, und als wir das Flugzeug verließen, strömte uns eine kompakte Wärme entgegen. „Wie lange wollen sie in Indien bleiben und was ist der Grund Ihres Aufenthalts?“ wollte der Imigrationsbeamte wissen.

Als wir die Flughalle verließen, kam uns ein kleiner, in Lumpen gekleideter Junge entgegen und fragte: „Sir, wo gehen Sie hin, kann ich Ihre Koffer tragen?“ Mister Romanefski winkte ab und sagte zu mir: „Nur einige Schritte, und wir sind da.“ Bald standen wir vor dem uralten Bus und wollte eben einsteigen, als ein Taxifahrer eilig auf uns zukam und meinte: „Sir, kommen Sie mit mir, Sie wollen doch zum anderen Flughafen. Ich mache Ihnen einen speziellen Preis, 500 Rupias, keiner der Busse fährt dorthin.“ Mister Romanefski lachte und gab dem Mann zu verstehen, daß er lange Zeit in Indien gelebt habe und sich auskenne. Der Taxifahrer entfernte sich sogleich grinsend, als er sah, daß der Busfahrer, der sich weiter vorne mit anderen Fahrern unterhalten hatte, auf uns zukam: „Santa-Cruz-Flughafen?“ fragte er. Mister Romanefski nickte. „Steigen Sie bitte ein, wir sind vom Staat angestellt“, meinte er stolz und wies auf das Abzeichen an seiner braunen zerrissenen Jacke. Mir fiel sogleich auf, daß er barfuß ging, seine abgetragenen Schuhe standen am Boden neben dem Gaspedal. Kaum hatten wir uns gesetzt, verließ er den Bus und warb lautstark um Fahrgäste. Geduldig warteten wir, während immer mehr Inder zustiegen. Der Bus schwappte förmlich von Menschen und Gepäck über, als der Fahrer uns lachend zunickte, zum Zeichen, daß er nun fahrbereit sei.

Ein leises Klopfen neben mir an der Fensterscheibe erweckte meine Aufmerksamkeit. Draußen standen zwei armselig gekleidete Mütter mit ihren nackten, unterernährten Kindern auf den Armen und streckten mir bettelnd die hohle Hand entgegen. Ihre ausgehungerten Blicke drangen mir durch Mark und Bein. „Baba, Baba“, riefen sie verzweifelt. Mister Romanefski gab mir einige Münzen, die ich ihnen durch eine Ritze im Fenster zuschob. Kaum hatten sie das Geld empfangen, streckten sie mir sogleich wieder ihre dürren Wurzelfinger entgegen, und es dauerte nicht lange, bis sich eine ganze Gruppe angesammelt hatte, die mir alle ihre Hände entgegenstreckten.

Eine große Hilflosigkeit übermannte mich, denn mir wurde schlagartig bewußt, daß dies ein Faß ohne Boden war. Mir fehlte jeder Bezug zu dieser Situation. Die Lage raubte mir meine Fassung und ich betrachtete diese Menschen wie aus einer weit entfernten Leere. Ich

kam mir vor wie in einem Film, in dem ich die Zusammenhänge nicht verstehen konnte. Es war erst eine halbe Stunde her, seitdem wir die Flughafenhalle verlassen hatten, aber die Intensität und die Vielfalt der ungewöhnlichen Eindrücke ließen mir keinen Moment Ruhe, das Erlebte einzuordnen. Ich wurde von meinen Stimmungen und Emotionen wie von Wechselbädern hin-und hergeschwemmt, doch das Eigentliche, Erstaunliche war, daß sehr wenig passierte. Die Menschen bewegten sich ohne Hast, leicht, spielerisch, als würden sie durch Vergangenheit und Zukunft nicht beeinträchtigt. Mister Romanefski saß in großer Ruhe neben mir, völlig integriert in diesen andersartigen Lebensrhythmus, als hätte er schon immer hier gelebt und als wäre er ein Teil dieser uralten Kultur.
Ein Mann, der ebenfalls eine alte braune Jacke trug, stieg nun in den Bus, um das Fahrgeld einzukassieren. „Zwanzig Rupias“, verlangte er. Mister Romanefski bezahlte und gab mir eine der Fahrkarten, auf der der Preis und darunter fett gedruckt „Luxury Coach“ stand. Ich mußte laut lachen, als ich das sah, und zeigte die Karte Mister Romanefski, der mit einem schmunzelnden Lächeln meinte: „Das ist Indien!“
Der Bus setzte sich ratternd in Bewegung, und es wurde lautstark diskutiert, doch mein Blick wurde angezogen von den Slums, Hütten aus Blech und Pappkartons, die auf der braungebrannten Erde am Wegrand standen. Die Menschen lebten hier in einer unvorstellbaren Armut, doch trotz ihrer aussichtslosen Lage waren ihre Gesichtszüge weich und zeigten zu meiner Verwunde-

rung keine Spur von Verbitterung. Vereinzelte hohe Palmen zierten beidseitig die staubige Straße. Laut hupend überholte der Bus einen hohen Karren, vor dem ein großer drahtiger Ochse gespannt war, dessen Hörner bunt bemalt waren. Ein Mann saß halb dösend auf dem Bock der altertümlichen Karre und hielt die Zügel locker in der Hand, während er den Ochsen im Auge behielt, der beim Gehen rhythmisch den Kopf auf- und abbewegte.
Eine halbe Stunde später erreichten wir den anderen Flughafen, in dessen Inneren das totale Chaos herrschte. Überall saßen und standen Menschen mit riesenhaftem Gepäck herum. Einige schliefen, während andere angestrengt herauszufinden versuchten, ob ihr Flug endlich bereit sei. Mister Romanefski hatte mich schon vorgewarnt, er nannte diesen Flughafen den „Ort des geduldigen Wartens".
„Passen Sie auf unser Gepäck auf, ich möchte herausfinden, wann unser Flugzeug startet. Fahrplanmäßig sollten wir nach einer Stunde Wartezeit abfliegen, aber hier weiß man das nie so genau", sagte er scherzend. Müde nickte ich ihm zu und setzte mich zwischen zwei wohlgenährte Inderinnen, die beide schliefen, aber vorsorglich eine Hand auf ihrem Gepäck liegen hatten. Obwohl sie kugelrund waren, wirkten sie in ihren buntgestickten Saris dennoch anmutig.
Ich fühlte mich wie erschlagen in diesem fremdartigen Lebensfeld, das mich mit seiner Andersartigkeit in eine seltsame Isolation trieb. Mir war, als ob ich aus der Gegenwart herausgehoben und wie in einem Vakuum

inmitten dieser Menschenmasse existierte. Ich erlebte einen Kulturschock, wie ich ihn bis dahin noch nie gekannt hatte. Gedankenlos saß ich da und starrte in das Wirrwarr dieses Menschenknäuels.
Endlich kam Mister Romanefski zurück und sagte lachend: „Unser Flug ist um zwei Stunden verschoben worden. Kommen Sie, wir wollen die Morgensonne Indiens genießen."
Wie ein Schlafwandler stolperte ich hinter ihm her, als wir draußen die dichtbefahrene Straße überquerten, um in einen kleinen schönen Park zu gelangen. Wir setzten uns ins grüne Gras, und mein Blick wanderte zum klaren wolkenlosen Himmel. Ein alter Mann, der mit einem braunen Lendentuch und einem dunkelgrün karierten Hemd bekleidet war, begoß gemächlich den herrlich duftenden Blumenteppich. Vor uns standen viele verschiedenartige Fächerpalmen, und darunter wuchsen an einer gepflegten Hecke leuchtend rote kelchförmige Blumen, die ihren betörenden Duft aussandten.
Deutlich spürte ich, daß sich jemand hinter unserem Rücken befand. Tatsächlich kam ein jüngerer Mann zum Vorschein, der gierig an seiner Zigarette sog und uns unsicher aus einiger Entfernung beobachtete. Als ich ihn ansah, war dies offensichtlich das Signal für ihn, die Hemmschwelle zu überwinden und uns anzusprechen: „Wollen Sie Geld wechseln?" fragte er mich. Dankend verneinte ich, und da fragte er, um mich herumtänzelnd, weiter: „Haben Sie etwas zu verkaufen?"
„Ich habe nichts zu verkaufen da ich nur das Allernötig-

ste mitgenommen habe“, erklärte ich ihm geduldig. Er fuhr gleich fort: „Haben Sie für mich eine Zigarette?“ „Ich rauche nicht“, gab ich ihm leicht gereizt zu verstehen, aber er ließ nicht locker: „Können Sie mir etwas Geld schenken, meine Frau liegt krank im Spital, und ich kann die Medikamente nicht bezahlen“, sagte er mit weinerlicher Stimme.

Er hatte einen wunden Punkt gesucht und ihn gefunden. Verunsichert wußte ich nicht, wie ich reagieren sollte. Zum Glück griff Mister Romanefski ein und sagte dem Mann mit ruhiger, aber bestimmter Stimme: „Es reicht jetzt, geh!“ Sogleich entfernte er sich, indem er mir grinsend einen Blick zuwarf, wie um mir zu sagen: „Man kann es ja mal versuchen.“ Lachend sagte mir Mister Romanefski: „Es ist gut zu geben, aber wenn Sie nicht lernen, Nein zu sagen, werden Sie noch einiges erleben.“

Der Gärtner hatte aufgehört zu arbeiten und neugierig dem kurzen Schauspiel zugesehen. Erst jetzt bemerkte ich, daß der Mann nicht der einzige Bettler war, denn weiter vorne stand eine ganze Gruppe junger Männer, die die Szene belustigt beobachtet hatten und mir nun freundlich zunickten. Wieder machte ich den Fehler, ihnen auch zuzunicken, und sogleich kamen sie zu mir und wollten wissen, woher ich komme, wie ich heiße, was ich arbeite, wieviel ich verdiene und weswegen ich nach Indien gekommen sei. Mister Romanefski hörte sichtlich amüsiert der nicht mehr endenwollenden Fragerei zu, aber als die jungen Männer meine Ermüdung bemerkten, verabschiedeten sie sich freundlich mit der

Bitte, ihnen doch meine Adresse zu geben. Doch darauf verzichtete ich lieber.
Mister Romanefski hatte sich diesmal nicht mehr eingemischt, ich mußte lernen, allein mit diesen ungewöhnlichen Situationen fertigzuwerden. „Haben Sie Lust, zu frühstücken? Wir haben noch Zeit, und inzwischen sollte das Flughafenrestaurant geöffnet sein“, schlug er vor. Diese Idee war mir willkommen, denn inzwischen sandte die Sonne ihre glitzernden Strahlen auf die Erde, und ich bemerkte, daß mir das starke Licht einen dumpfen Schmerz im Schädel verursachte.
Das Restaurant im ersten Stock war eine große Halle, in der die Klimaanlage bereits auf Hochtouren lief. Wir setzten uns an die lange Fensterfront und beobachteten die startenden und landenden Flugzeuge. Der Kellner stand lustlos da und tat so als ob er uns nicht bemerkt hatte, doch als dann noch mehr Gäste das Restaurant betraten, kamen wir doch noch zu unserem Frühstück.
Einige Stunden später hatten wir endlich unser Ziel erreicht, und wir verließen müde den Flughafen von Madras. Die enorme Hitzemauer und die hohe Luftfeuchtigkeit trafen mich wie ein Faustschlag. Mit zugekniffenen Augen suchte ich blinzelnd die Umgebung ab. Gegenüber sah ich in der sengenden Sonne einige Hügel, die mit grünem Buschwerk überwachsen waren.
„Da schauen Sie, da ist unser Mann“, sagte Mister Romanefski und zeigte auf einen kleinen, gut angezogenen Mann, der gebannt auf den Ausgang starrte und einen Zettel mit Mister Romanefskis Namen in die Höhe hielt. Sein offenes Gesicht und die strahlenden Augen

musterten aufmerksam jede Person, die das Terminal verließ.
„Guten Tag, ich bin Mister Romanefski“, sprach er den Mann an. Erfreut rief der aus: „Aah, willkommen in Madras, bitte lassen sie mich Ihr Gepäck tragen, Sie sind sicher sehr müde.“
Er belud sich mit dem Gepäck und sagte: „Der Wagen von Sri Ventakaramani steht gleich hier drüben. Er läßt sich entschuldigen, daß er nicht persönlich kommen konnte, ich soll Ihnen aber ausrichten, daß er Sie morgen Abend bei sich zu Hause zum Nachtessen erwartet. Ich bin sein Fahrer“, betonte er ausdrücklich.
Schweißperlen rannen über mein Gesicht, und meine Kleider klebten am Körper. Taumelnd ging ich hinter ihm her, meine Knie waren wie Gummi und knickten ständig ein.
Indien hatte ich mir heiß vorgestellt, aber diese Hitze übertraf alle meine Vorstellungen. Erleichtert setzte ich mich in das große bullige Auto der Marke Ambassador, ein englisches Modell, das sich während der Kolonialzeit eingebürgert hatte und ein Statussymbol der reicheren Oberschicht darstellte, wie mir später Mister Romanefski erklärte.
„Wir haben Ihnen in einem Hotel im Zentrum zwei Zimmer reserviert, hoffentlich sind Sie damit zufrieden“, erklärte uns der Fahrer und raste unbeirrt durch den dichten Verkehr. Er jagte mir mit seinem Fahrstil einen Schrecken nach dem anderen ein. Mir war es unbegreiflich, daß wir unfallfrei die Innenstadt erreichen konnten, wo mitten auf der Fahrbahn gemütlich wieder-

käuend eine Kuh stand, die in die Autos glotzte, die an ihr vorbeifuhren. Niemand hupte, niemand versuchte, sie zu vertreiben, sie war einfach da, integriert in den hektischen Verkehr.
Die Straßen waren erstaunlich gut und gesäumt von zum Teil modernen Häusern. Nach einstündiger Fahrt bog der Fahrer in eine schmale schmutzige Seitenstraße ein, wo sich unser Hotel befand. „Vergessen Sie nicht, morgen Abend um acht Uhr hole ich Sie ab" erinnerte er uns, als er sich verabschiedete.
Das Personal im Hotel war sehr freundlich und hilfsbereit und zeigte uns mit Stolz die kleinen sauberen Zimmer. Nachdem ich mich von Mister Romanefski getrennt und mich frisch gemacht hatte, legte ich mich erschöpft aufs Bett. Die alte Matratze paßte sich den Formen meines Körpers an, und über mir summte lautstark der Ventilator. Obwohl alle Fenster geschlossen waren, war der Straßenlärm doch so laut, daß ich bei geschlossenen Augen das Gefühl hatte, das Bett stehe mitten auf der Straße.
Irgendwann am frühen Abend schlief ich ein, geplagt von zusammenhanglosen Träumen und beängstigenden Phantasien der Astralwelt. Unruhig wälzte ich mich hin und her, die Nerven zuckten, reagierend auf den unaufhaltsamen, gleichmäßig rollenden Lärmteppich. Plötzlich erwachte ich und saß mit einem Ruck aufrecht im Bett. Es war hell, ich hatte keine Ahnung wieviel Uhr es sein mochte. Meine Uhr gab mir auch keinen Aufschluß darüber, denn ich hatte vergessen, sie auf die asiatische Zeit einzustellen.

Ich öffnete ein Fenster und blickte in einen engen Hinterhof hinunter, wo mehrere Kinder mit leeren Kokosnüssen Fußball spielten. Sogleich hatten sie mich entdeckt und schauten schüchtern und erwartungsvoll zu mir hoch. Plötzlich faßte einer der kleinen Buben Mut, streckte mir die hohle Hand entgegen und rief mir zu: „Rupia, Rupia!" Bald standen sie alle unter dem Fenster und bettelten um Geld. Ich winkte ab, und da riefen sie nur noch lauter. Ein kleines Mädchen gesellte sich dazu, das das kleine halbnackte Brüderchen mit einer solchen Selbstverständlichkeit auf dem Arm hielt, als ob bei ihr der Mutterinstinkt schon voll entfaltet sei. Obwohl der Winzling noch nicht sprechen konnte, war auch er schon so weit erzogen, daß er mir die hohle Hand entgegenstreckte.
Ich zog mich zurück und schloß der Fenster, Indien zwang mich in die Knie.
Es pochte an der Türe, und eine vertraute Stimme fragte mich: „Sind Sie wach, Mister Mongrave?"
„Ja, bitte treten Sie ein." Mister Romanefski kam mit einer vollen Tüte exotischer Früchte ins Zimmer, breitete sie auf dem Tisch aus und sagte: „Sie haben sehr lange geschlafen, es ist bereits zehn Uhr. Die Zeitverschiebung hat Ihnen wohl zugesetzt. Ich lasse die Früchte für Sie da. Sind Sie bereit zum frühstücken? Ich habe ganz in der Nähe ein kleines Restaurant entdeckt, das mir gut gefällt." Mein Magen knurrte so laut, daß Mister Romanefski lachend, mit einem Blick auf meinen Bauch, sagte: „Er ist bereit."
Wir traten auf die Straße hinaus und bewegten uns

langsam mit der Menschenmenge vorwärts. „Es ist wichtig, daß man sich diesem Rhythmus anpaßt, er ist völlig verschieden von jenem bei uns im Westen. Der innere Zeitbegriff ist anders“, erklärte er mir. Die große dichte Abgaswolke, die sich über die ganze Stadt verbreitete, entzündete meine Augen und beeinträchtigte meine Atemwege. Überall auf dem Trottoir hatte es Löcher, und man mußte enorm aufpassen, um nicht zu stolpern. Trotz allem fühlte ich mich sehr wohl, denn alles war farbig, lebendig, freundlich und gelassen.
Gleich um die Ecke befand sich das kleine Restaurant, das total überfüllt war, aber der aufmerksame Kellner fand für uns noch zwei Plätze.
Nach dem Frühstück fragte mich Mister Romanefski: „Haben Sie schon einmal einen Hindu-Tempel besucht?“
„Nein, aber das würde mich sehr interessieren“, antwortete ich. „Am besten ist es, wir fragen einen Rikscha-Fahrer, wo sich der am nächsten gelegene Tempel befindet.“ Er stoppte mit hochgehaltener Hand den nächsten Fahrer. Nach langem Feilschen führte dieser uns zu einem nahegelegenen Shiva-Tempel. Kaum hatten wir den inneren Tempelhof betreten, wurden wir von einer Schar Bettler umgeben. Nachdem Mister Romanefski einige Münzen verschenkt hatte, ließen sie uns in Ruhe, und wir konnten den Tempel betreten. Doch zuerst schaute ich mir noch die hohen Türme an, an denen die ganze Hierarchie der Götter kunstvoll aus Stein gemeißelt war. Ehrfürchtig trugen die Gläubigen kleine Körbchen auf ihren Händen, die mit Opfergaben für die

Gottheit gefüllt waren, von der sie hohe Gunst erhofften. Starker Geruch nach Urin machte den Zusammenprall zwischen Menschlichem und Göttlichem deutlich. Der große Innenraum wurde durch kaltes Neonlicht beleuchtet, das die kunstvollen Steinmetzarbeiten überstrahlte. Ein deutlich spürbares Kraftfeld erfüllte den Raum, und von weitem hörten wir das monotone Gemurmel des Priesters, der mit den Mantren die göttliche Kraft invokierte. Wir betraten einen kleineren Raum, in dem sich das Heiligtum befand und einige Inder mit zusammengelegten Händen verharrten. In einer Nische stand ein schwarzer, länglich abgerundeter Stein, ein „Shiva Lingam", das Prinzip der Kraft Shivas.
Es roch nach Ruß und Kampfer. Ein alter sanftmütiger Priester schwenkte murmelnd eine Schale, in der ein kleines Feuer brannte, vor dem pechschwarzen Stein hin und her. Er wandte sich uns zu, und sein gütiger, gottergebener Blick schaute in meine Augen, als er mir mit einem Finger einen Tupfer roten heiligen Kukum-Puders mitten auf die Stirn drückte. Um seinen nackten Oberkörper trug er die Brahmanenschnur, die seine Kaste für den Umgang mit den Göttern auszeichnete, und um seine schmale Hüfte hatte er das lange traditionelle weiße Tuch, den Lunghi, geschlungen.
Auf seine Stirn hatte er drei breite Streifen Asche und auf der Höhe des dritten Auges einen roten Punkt mit Kukum-Puder gestrichen. Die grauschwarzen Haare hatte er streng nach hinten gekämmt und zu einem Knoten zusammengeflochten. Dann kam er mit der Schale, in der das kleine Feuer brannte, zu jedem einzel-

nen, und die Gläubigen legten symbolisch kurz die Hände übers Feuer, nahmen das von der Gottheit gereinigte und dynamisierte Feuer an und strichen die aufgenommene Kraft über ihre Gesichter.
Mich mutete alles sehr seltsam an. Eben noch war ich mitten in London, umgeben von Nüchternheit und mechanischem Alltag, und jetzt stand ich hier, in einer völlig anderen Welt, in der berauschenden Ferne der Vergangenheit.
Als wir wieder draußen in der heißen Sonne auf der Straße standen, hatte ich das Empfinden, einen Zeitsprung gemacht zu haben. Tatsächlich war im Inneren des Tempels die Zeit stillgestanden, denn seit Jahrhunderten wurde hier täglich viele Male dasselbe Ritual abgehalten und mit denselben Mantren belebt.
Ich war erschöpft. Die Mittagssonne stach erbarmungslos auf uns nieder. „Die Mittagssonne ist sehr schädlich", sagte Mister Romanefski, der meinen Zustand bemerkt hatte, „wir wollen uns für einige Stunden ins Hotel zurückziehen", schlug er vor. Schweißtriefend stieg ich in die Rikscha. Während der Fahrt redete der Fahrer unaufhörlich auf uns ein, um uns zu überzeugen, daß wir fortan nur noch seine Dienste in Anspruch nehmen sollten, da er der beste Rikscha-Fahrer weit und breit sei und sich immer in der Nähe des Hotels aufhalten würde. Offensichtlich waren die Ausländer für ihn Hühner, die goldene Eier legten.
Mister Romanefski kam noch eine Weile auf mein Zimmer. Wir aßen die süßen Früchte, und dann meinte er: „Ich hoffe, daß wir heute Abend von Sri Ventakaramani

die nötigen Informationen darüber erhalten werden, wo sich die Meister zur Zeit aufhalten, denn sie haben verschiedene Aufenthaltsorte. Mit Sicherheit weiß ich, daß sie schon längere Zeit in Indien sind. Das Land ist riesig, und niemand kann die Meister finden, es sei denn, sie finden ihn.

Sie sind wahrlich von Gott Abgesandte, und mit ihrem Segen wird unsere Aufgabe vollkommen gelingen. Ich habe sie erst einmal vor sehr langer Zeit gemeinsam mit Mister Wang getroffen. Sind Sie sich bewußt, daß wir heute hier zusammensitzen, mit der Aufgabe, die Meister aufzusuchen? Doch dies ist nicht unser Entschluß, sondern es wurde von einer höheren Ordnung der Lichtwelt bestimmt. Es ist wichtig, sich immer auf die hohen göttlichen Lichtschwingungen abzustimmen, denn dann ist man immer in Verbindung mit der Loge der Erhabenen.

Aus dieser Lichtsphäre wird uns unaufhörlich der göttliche Auftrag ins Herzheiligtum eingestrahlt. Leider kann der Großteil der Menschen heute die Stimme des Lebens noch nicht hören, die sieben geheimen Gänge, die nach Shamballa führen, bleiben ihnen noch verborgen."

Durch seine beflügelten Worte hatte sich im Raum ein äußerst starkes Kraftfeld gebildet, das mich in eine helle Sphäre erhob und mir das Empfinden vermittelte, als hätte das Zimmer Räume und Dimensionen durchdrungen. Ich dachte, wenn ich jetzt die Zimmertüre öffnen würde, müßte ich in eine andere Welt jenseits dieses zeiträumlichen Universums gelangen.

Noch nie hatte ich Mister Romanefski mit solchem Feuer sprechen hören, doch mir fiel immer wieder auf, daß er sich nie in unkontrollierte unnötige Wortgefechte verlor. Die Kraft, die sich mit seinen gesprochenen Worten verband, hatte mich überwältigt. Das gigantische himmlische Mysterium reflektierte in seinem weit geöffneten Seelenauge.
Bescheiden und ruhig saß er da, ich mußte dabei an die selbstzentrierte Gefallsucht von Sir Arthur Cunningham denken, der sich mit dem Astralreich der Dämonen verbündet hatte. Wahrlich, Mister Romanefski lag das Engelreich zu Füßen.
Punkt acht Uhr saß der Fahrer unten im Empfangsraum in einem der bequemen Sessel und las die Zeitung, doch in dem Augenblick, als er uns sah, stand er blitzschnell auf und begrüßte uns freundlich mit den Worten: „Hatten Sie einen schönen Tag? Sri Ventakaramani erwartet Sie."
Er fuhr an einem Fluß entlang, dessen schwarzes Wasser den ganzen Abfall der Stadt träge ins Meer beförderte. Der beißende Gestank verursachte mir Brechreiz, und ich versuchte, vorübergehend den Atem anzuhalten. Der Gestank war so durchdringend, daß ich das Gefühl hatte, er dringe durch alle Poren meines Körpers in mein Inneres. Was mich aber am meisten beschäftigte, war die Tatsache, daß hier Tausende von armen Menschen in eng zusammengefügten Blechhütten wohnen mußten und einem hoffnungslosen Dasein ausgeliefert waren. Direkt am Fluß spielten unzählige Kleinkinder unter verdorrten Bäumen, Kinder, deren

Schicksal bereits festgelegt war. Diese enorme Diskrepanz zur westlichen Welt, die hier sichtbar wurde, nagte an meiner wunden Seele, die Mühe hatte, diese Tatsachen zu verkraften.
Ich war froh, als wir endlich eine Brücke überquerten und wieder in Wohnviertel kamen, wo die Menschen ein menschenwürdiges Leben führen konnten und genügend zu essen hatten. Da waren kleine Gasthäuser, allerlei Trödler- und Gemüseläden, vor denen Kühe standen, die das alte verdorrte Gemüse, das die Händler auf die Straße geworfen hatten, genüßlich fraßen. Zu meinem Erstaunen sah ich, wie eine Kuh eine alte Zeitung fraß, und Mister Romanefski meinte scherzend: „Dies gibt Milch mit Buchstaben." Zwei Knaben, die sicher vom Fluß hergekommen waren, hatten eine dieser Kühe gegen eine Hauswand gezogen, wo sie sie im Versteckten melkten.
Wir fuhren durch ein ausgedehntes Viertel, in dem inmitten gepflegter Parkanlagen wunderschöne große, weiße Häuser standen. Die meisten waren durch hohe blühende Hecken und Mauern von der Außenwelt abgeschirmt. Dann bog der Fahrer durch ein geöffnetes Tor und fuhr zu einem stattlichen zweistöckigen Haus, das von Palmen und blühenden Blumen umgeben war. Im Augenblick, als wir aus dem Auto stiegen, öffnete sich die Türe des Hauses, und Sri Ventakaraman kam mit zum Gruß zusammengelegten Händen gelassen auf uns zu und sprach: „Namaskar, willkommen in unserem Haus." Seine sanfte und ruhige Stimme zeugte von bedingungsloser Gastfreundschaft. „Sie sind Mister

Mongrave, es freut mich, Ihre Bekanntschaft zu machen", sagte er zu mir und zu Mister Romanefski gewandt: „Es ist sehr lange her, seitdem wir uns das letzte Mal gesehen haben. Entschuldigen Sie, daß ich Sie nicht am Flughafen empfangen habe, aber ich bin erst heute Morgen aus Calcutta gekommen. Doch bitte, treten Sie ein."

Sri Ventakaraman war ein älterer Mann von mittlerer Größe, in den traditionellen indischen weißen Lunghi und ein blütenweißes Hemd gekleidet. Seine dichten schneeweißen Haare waren nach hinten gekämmt und verliehen seinem braunen glattrasierten Gesicht etwas Edles. Seine hohe gewölbte Stirn deutete darauf hin, daß er eine außergewöhnlich sensitive Person sein mußte, was sich auch in seinem bedachtsamen, gleichmäßigen Gang ausdrückte.

Der laute Knall der Autotüre veranlaßte mich, mich umzudrehen, und durch die Windschutzscheibe sah ich das grinsende Gesicht des Fahrers, der mir mit einer eindeutigen Handbewegung bedeutete, daß er jetzt schlafen würde, bis wir zurückkämen.

Im Vorraum zogen wir die Schuhe aus und traten barfuß ins Wohnzimmer, wo ich darüber staunte, wie spartanisch der Raum möbliert war. Als wir uns gesetzt hatten, unterhielten wir uns eine Weile über die Reise und unsere ersten Indien-Erlebnisse. Bald traten Sri Ventakaramans Frau und Tochter ins Zimmer und begrüßten uns ebenfalls mit zusammengelegten Händen. „Leider sprechen sie nur sehr wenig Englisch", entschuldigte sie der Inder. Ich mußte mich sehr zusammennehmen, um

die beiden Frauen nicht unhöflich anzustarren, denn ihre feine und sanfte Ausstrahlung ließen mich meine ganze Umgebung vergessen.
Die Mutter war in einen schlichten grünen Sari gehüllt, und ihre feinen Schläfen waren mit silbrigen Haaren geschmückt, während der Rest ihres dichten langen Haares noch pechschwarz war. Ihr offenes und gütiges Gesicht zeigte ein erfülltes religiöses Leben. Die Tochter, die einige Schritte hinter der Mutter stehengeblieben war, trug einen himmelblauen Sari, dessen Abschlußränder kunstvoll mit feinen Goldfäden verziert waren. Ihre langen schwarzen Haare endeten in einem langen Zopf, der am Hinterkopf von einer duftenden Jasmingirlande zusammengehalten war. Aus ihren leicht gewölbten orientalischen Augen strahlte ein milder jungfräulicher Glanz. Als sie uns freundlich zulächelte, kamen ihre perlenweißen Zähne zum Vorschein. Ihre stille Anwesenheit weckte etwas Sonderbares, bisher Unbekanntes in meiner Seele. Ein Strom tiefer Zuneigung schoß in meinem Wesen empor, und tiefe Bewunderung vibrierte in meinem Herzen.
Die Ehefrau gab Sri Ventakaraman zu verstehen, daß im Nebenraum das Essen bereit war. Als wir am Tisch saßen, standen die Frauen hinter uns und gaben der Köchin die nötigen Anweisungen. Ich konnte nicht verstehen, weshalb sie sich nicht zu uns setzten, doch als sich Sri Ventakaraman für einige Augenblicke entschuldigte, erklärte mir Mister Romanefski eingehend die Regeln der Gastfreundschaft dieser uralten Kultur.
Nach dem Essen zogen sich die Frauen zurück, waren

sie doch müde von der langen Reise. Ich bedauerte ihr Verschwinden sehr, denn ihre Anwesenheit war mir außerordentlich angenehm.
Wir setzten uns hinter dem Haus auf die große Veranda zwischen weißen Holzsäulen. Im kleinen Teich quakten Frösche zwischen Lotusblüten. Die ganze Gartenanlage war mit versteckten Lampen dezent beleuchtet. Am samtschwarzen Himmelszelt leuchteten die Sterne wie große silbrige Blüten. Stillschweigend saßen wir in großen bequemen Korbsesseln und lauschten in die Nacht hinaus. Zwergpapageien fühlten sich in den nahen hohen Palmen in ihrer Nachtruhe gestört und kreischten lautstark. Zwei junge Äffchen erschienen kurz auf der gegenüberliegenden Mauer und äugten neugierig zu uns herüber, bevor sie mit einem Satz im Garten des Nachbarn verschwanden.
Die Ruhe, die hier herrschte, wirkte wie Balsam auf meine Nerven, und ein feiner kühler Wind, der vom nahen Meer herüberwehte, verstärkte noch dieses Empfinden. Sri Ventakaraman saß entspannt im Lotussitz im Sessel; bisher hatte er noch kein Wort über die Meister verloren. Auch in Mister Romanefskis Gesicht zeichnete sich eine große Entspanntheit und Zufriedenheit ab. Die Köchin brachte uns Chai (Tee) und verabschiedete sich dann mit einer Verbeugung.
Lange saßen wir wortlos da, eingenommen vom Strom der Stille. Mir war es, als hätten sich in dieser erhabenen Musik der Stille und der Einheit alle Grenzen aufgelöst. Ich hatte angenommen, daß sich Mister Romanefski und Sri Ventakaraman vieles zu erzählen hätten, da sie

sich so lange nicht mehr gesehen hatten, aber genau das Gegenteil war der Fall, und ich wurde stark an die Begegnung zwischen Mister Wang und Mister Romanefski erinnert.

Nichts Belangloses bewegte ihre Zungen, sie waren von der Seele her wahrhaftig uralte Weggefährten. Einmal zündete Sri Ventakaraman eine kleine Öllampe an und stellte sie auf den Tisch. Der Gesang von unzähligen Zikladen erfüllte die lauwarme Nacht, und Myriaden glitzernder Sterne beobachteten wie aufmerksame Augen unser Zusammensein.

Fast mit feierlicher Stimme begann Sri Ventakaraman zu sprechen: „Vor einigen Tagen habe ich in Calcutta erfahren, daß sich die Meister im Norden des Landes aufhalten, wo genau, weiß ich nicht. Ihr Aufenthaltsort ist mir nur bekannt, wenn sie sich in Süd-Indien aufhalten. Ich kenne aber die Kontaktperson im Norden, sie wird Ihnen weiterhelfen. Ich werde Ihnen ein Schreiben mitgeben, das alles vereinfachen wird. Die Kontaktperson lebt in Benares, Sie kennen sie nicht, Mister Romanefski, denn die Meister haben sie erst vor zwei Jahren neu eingesetzt, ihr Name ist Swami Bhaktanada."

Dann fuhr der Inder, zu mir gewandt, fort: „Waren Sie auch schon in Indien?" Ich antwortete: „Nie hätte ich früher daran gedacht, dieses riesige Land zu besuchen, doch als mich Mister Romanefski fragte, ob ich ihn begleiten würde, war es mir, als ob sich ein blinder Fleck vor meinem geistigen Auge entfernen würde. Ein Licht innerer Vertrautheit strahlte augenblicklich in mir. Mir wurde klar, daß dies eine Reise in die Landschaft der

Seele, in den ungeheueren inneren Erfahrungsraum, sein würde. Es ist diese gewaltige Kraft, die die Seele zurück ins Lichtreich drängt, die mir diese Reise organisiert hat."
Überrascht saß ich da und lauschte meinen Worten nach, die aus der Tiefe meines Wesens geflossen waren, und Sri Ventakaraman nickte mir zustimmend zu.
Wiederum saßen wir lange wortlos da und genossen die Gottesnähe, die alle Zeiten auslöscht. Es war, als ob der ewige Quell des Lebens uns die Zungen versiegelt hätte. Gemächlich tranken wir den stark gesüßten Tee, als Sri Ventakaraman sprach: „Sicher werden Sie ein paar Tage warten müssen, bis Sie einen Flug nach Benares bekommen können, denn diese Strecke ist immer sehr stark besetzt, da täglich viele Pilger diese heilige Stadt besuchen. Wenn Sie es wünschen, können wir morgen gemeinsam ins Büro der Fluggesellschaft gehen, ich kenne dort einige Leute. Das wird helfen, denn sonst müssen Sie unter Umständen mehrere Stunden warten, bis Sie einen Flugschein kaufen können, da dieses Büro immer hoffnungslos überfüllt ist."
Mister Romanefski bedankte sich für die angebotene Hilfe und sagte: „Sri Ventakaraman, gerne würde ich wieder einmal die Theosophische Gesellschaft in Adyar besuchen. Ich erinnere mich, daß Sie einen Verwandten haben, der dort Mitglied ist, vielleicht kann er uns mit seinen Beziehungen den Zutritt ermöglichen?" Sri Ventakaraman preßte kurz seine Lippen aufeinander, als suche er in seinem Gedächtnis nach einem Namen, und erklärte dann: „Der Verwandte, den Sie meinen, ist vor

vier Jahren gestorben, aber ich kenne da noch jemanden, der uns weiterhelfen kann." Plötzlich erhellte sich sein Gesicht, und er meinte: „Das ist eine gute Idee, ich werde mitkommen. Es sind schon viele Jahre her, seitdem ich die Gesellschaft besucht habe."
Zögernd, als hätte er eine Vorahnung, fragte er Mister Romanefski: „Wie geht es Natascha?" Die Frage verursachte einen Stich in meinem Herzen, und ein Schatten huschte über meine Seele. Augenblicklich kroch der Schmerz des Verlustes in mir hoch und versuchte, sich in meinem Herzen einzunisten. Doch das schreckliche Erlebnis im Hause von Mister Romanefski ließ mich kurz erschauern, und sogleich war der Spuk aus meinem Wesen gewichen.
Mister Romanefski sagte mit gefaßter Stimme: „Natascha hat ihren Stoffkörper abgelegt, sie war vollkommen auf diesen Moment vorbereitet. Ihre geadelte Seele war frei von Bildern und Dingen und hat sich unmittelbar ins ewige Licht hineinverwandelt. Ihre Seele war der Natur nach leer und gefüllt mit dem Ewigen. Kurz vor ihrem Weggang hat sie die Bekanntschaft von Mister Mongrave gemacht, womit sich ihr Schicksal hier auf Erden restlos erfüllt hat. Durch Mister Mongrave hat sich mein Schicksal mit dem von Mister Wang wieder einmal mehr vereinigt, und es hat sich herausgestellt, daß Mister Mongrave in früheren Leben auch schon Mitglied der Universellen Weltbruderschaft war."
Sri Ventakaraman hörte ruhig zu, doch seine Augen leuchteten im Schein der Petroleumlampe wie zwei Sonnen, als er sagte: „Es ist gut, daß sich die Mitglieder

der Universellen Loge zu allen Zeiten und in allen Kontinenten immer wiederfinden, um unermüdlich am göttlichen Plan weiterzuarbeiten. In dieser Phase der Evolution werden die letzten göttlichen Bausteine ins große kosmische Zusammensetzspiel eingefügt, in dem sich das Ewige widerspiegeln wird. Der Lichtschutz und die Anweisungen der vollendeten Meister werden immer wichtiger, denn die angegriffene Schattenwelt wehrt sich mit allen ihnen zur Verfügung stehenden Mitteln. Die Äonen und Archonten verstärken ihren hypnotischen Griff auf die ganze Menschheit."

„Sie haben recht, es gibt viele Wesenheiten in den verschiedenen Sphären dieser Todesnatur, die die göttlichen Strahlengesetze zu selbstbehauptenden Zwecken mißbrauchen und umbiegen", bestätigte Mister Romanefski.

Der merkwürdige Schleiertanz eines langsam vorbeiziehenden Wolkenfeldes verdeckte vorübergehend die goldene Mondsichel, und kleine Schatten breiteten sich über den Garten aus. „Es ist schon spät, ich glaube, wir sollten uns langsam zurückziehen, meinen Sie nicht auch, Mister Mongrave?" fragte mich Mister Romanefski. Dagegen hatte ich nichts einzuwenden, denn das tropische Klima machte meinem Körper arg zu schaffen, und ohne daß ich es bemerkte, hatte sich eine bleierne Müdigkeit in meinen Gliedern verbreitet.

Der Fahrer erschrak heftig, als Sri Ventakaraman sachte an die Autotüre klopfte und ihn aus dem Schlaf riß, indem er sagte: „Bring sie zurück ins Hotel, dann kannst du nach Hause gehen, und grüße mir deine Familie."

Als ich auf meinem Bett im Hotelzimmer saß, wanderten meine Gedanken zurück zur Familie Ventakaraman. Etwas Wichtiges war mir aufgefallen, aber erst jetzt voll bewußt geworden: Als Mister Ventakaraman von den Meistern gesprochen hatte, hatte ich eine Art Erhebung meiner Seele erfahren, und ein unaussprechlich intensives Glücksgefühl überwältigte mich. Bisher hatte ich mir über die Meister kaum Gedanken gemacht, aber heute hatte ich zum ersten Mal das Empfinden, deutlich ihre unpersönliche Anwesenheit zu spüren.

Ich legte mich zu Bett und versuchte mit aller Kraft, den unkontrollierbar dahinfließenden Gedankenstrom zum Stillstand zu bringen, was mir aber nicht gelang. Blitzartig wurde mir klar, daß ich immer ähnlich auf Menschen, Umgebung und Situationen reagierte. Meine begrenzte Mentalität war im Laufe der Jahrmillionen programmiert und strukturiert worden, immer gemäß den Anpassungsmöglichkeiten der Situationen und Begebenheiten. In einer Art Gleichschaltung hatte ich meine subjektiven Gedanken und Gefühle auf äußere Bedingungen der vergänglichen Welt abgestimmt und dies als Realität angenommen. So hatte ich mich unbewußt eingefügt in die kollektive Weltgleichförmigkeit der Seelen, die materie- statt lichtsuchend waren. Ich hatte mir im Laufe der Zeit selbstschöpferisch eine eigene Innenwelt kreiert, die ich nach außen projektierte, und in diesen Bildern lebte ich mit meinem physischen Körper. Ich war zugleich Schöpfer und Schöpfung meiner eigenen begrenzten Welt. Mir war, als hätte jemand

mit einer Nadel in einen großen Luftballon, der ich selber war, gestochen.
Gelöst erwachte ich am nächsten Morgen. Wiederum hatte mich lautes Kindergelächter geweckt. Ihr ungezwungenes Spiel erinnerte mich vage an meine eigene Kindheit. Es war noch früh, und ich genoß die innere Ruhe, die sich wie ein lichtes Gewand über mein Herz ausgebreitet hatte. Der Lärm, der von der Straße eindrang, störte mich nicht mehr.
Später stand ich unten im Empfangsraum, wo Mister Romanefski und Sri Ventakaraman bereits auf mich warteten. „Haben Sie gut geschlafen? Wir werden in Adyar frühstücken, ich kenne dort ein kleines gemütliches Restaurant", meinte Sri Ventakaraman. Mister Romanefski trug einen leichten leinenen khakifarbenen Anzug und auf dem Kopf einen eleganten Basthut. Er kam mir an diesem Morgen sehr würdevoll vor.
Während der Fahrt erzählte Sri Ventakaraman über die Kolonialzeit und sprach in höchster Ehrerbietung von Gandhi, den er gekannt und sehr verehrt hatte.
Nach einer Stunde Fahrt saßen wir im kleinen, europäisch eingerichteten Restaurant. Kaum hatten wir gegessen, öffnete sich die Türe, und ein großer hagerer Sadhu im traditionellen orangefarbenen Mönchsgewand trat ein. Stillschweigend kam er an unseren Tisch und streckte uns seine Bettelschale entgegen. Seine langen Haare und der Bart waren verfilzt, und sein ausgemergelter Körper widerspiegelte den angegriffenen Gesundheitszustand und die schwindende Lebenskraft. Ohne zu zögern, legte Sri Ventakaraman einige

Münzen in seine Schale. Ohne Dank und ohne die geringste Gefühlsregung verließ der Sadhu das Lokal, sich bei jedem Schritt auf seinen langen Bambusstock stützend.
Sri Ventarakaman erklärte mir: „Diese Asketen legen ein Gelübde ab, daß sie allem Weltlichen entsagen, und unterziehen sich strengen Disziplinen, um die Befreiung zu erlangen. Hier in Indien wird jeder Mensch vollkommen respektiert, der sich auf die Suche nach Gott macht, obwohl die Wege vielfältig sind und große Unterschiede aufweisen. Das damit verbundene Gesetz ist so, daß der Geber der Almosen dankbar sein muß, daß der andere seine Gabe annimmt, denn so wird er gesegnet durch die freigemachte göttliche Kraft des Empfängers. Wir nennen dies Karma-Yoga."
So hatte ich es noch nie gesehen, bis dahin hatte ich sie als Bettler betrachtet und das segensreiche Gesetz, das sich dahinter verbarg, verkannt. Erst jetzt wurden mir die Vorurteile bewußt, die ich grundlos gegen diesen fremden Sahu gehegt hatte.
Wir standen vor dem Tor der Theosophischen Gesellschaft, deren große Anlage direkt an einen Fluß grenzte und sich bis weit zum Meer erstreckte. Der uniformierte Wachposten kam aus seinem Häuschen auf uns zu, als er bemerkte, daß wir eintreten wollten.
„Sind Sie Mitglieder?" wollte er wissen. „Nein, aber wir haben ein Empfehlungsschreiben von Sri Ganeshananda", ließ ihn Sri Ventakaraman wissen. Nachdem er das Dokument eingehend überprüft hatte, durften wir eintreten. Doch vorerst machte er uns darauf aufmerksam,

daß wir das Hauptgebäude nicht betreten durften, da hier nur Mitglieder der Gesellschaft Zutritt hatten.
Beidseits des asphaltierten Weges wuchs eine üppige tropische Vegetation. In dem Augenblick, als wir durch das Tor eintraten, kam es mir vor, als würde hier ein klarer Schnitt geschehen und als würden wir durch einen unsichtbaren Vorhang ein Land des Friedens betreten, in dem die Zeit stillstand. Die klare wohltuende Stille war fast greifbar.
Auf kleinen Lichtungen standen weiße Bungalows, deren Fenster und Türen verschlossen waren. Nirgends war ein Mensch zu sehen; alles sah unbewohnt und verlassen aus, doch die leeren Häuser waren stumme Zeugen einer leuchtenden Vergangenheit. Wir näherten uns dem goßen Hauptgebäude, einem majestätischen weißen Bau, der wie alle Häuser im alten englischen Kolonialstil gebaut war. Schon von weitem spürte ich das starke intensive Kraftfeld, das von diesem Gebäude ausging, als Resultat vieljähriger spiritueller Arbeit.
Zwei europäisch gekleidete junge Inder saßen im Schatten einer kleinen Veranda und unterhielten sich. Sicherlich hatten sie den Auftrag, keine Unbefugten dieses Gebäude betreten zu lassen.
Sie grüßten uns freundlich, als wir an dem Bau entlanggingen, dessen Vorderseite offen war. Der hohe, große, vordere Teil war eine Art Empfangsraum, in dem Tische und bequeme Korbsessel standen. An der Decke hingen die bunten Fahnen aller Nationen der ganzen Welt, in denen die Theosophische Gesellschaft vertreten war. An einer weiß getünchten Wand dieser hohen

schattigen Halle stand in einer Nische eine große schöne Statue von Buddha Gautama im Lotussitz, aus dessen Gesicht das harmonische Lächeln des Überwinders strahlte.

Als wir weiter durch die Anlage schritten, kamen wir zu einem riesigen uralten Banyam-Baum, dessen Wurzeln und Ableger eine große Fläche überwuchsen. Auf einer Tafel las ich, daß dieser Baum der größte seiner Art in der Welt sei. In der Nähe setzten wir uns auf eine Bank unter einem riesenhaften Baum und ließen den allesdurchdringenden Frieden dieses Ortes auf uns einwirken. Ein junger Mann fuhr auf einem Fahrrad an uns vorbei, ohne uns zu bemerken. Dieser Ort, an dem früher eine große Aktivität geherrscht hatte, war in einen tiefen märchenhaften Schlaf versunken.

Auf unserem Weg gelangten wir zu einem großen weißen Bau, wo sich die Unterkünfte befanden. Auch hier war niemand zu sehen. Doch als wir uns durch die schmale gedeckte Einfahrt zum Haus begeben wollten, erschrak ich heftig, denn fast wäre ich über ein Hindernis gestolpert: es war ein Inder, der hier im Schatten schlief. Lachend stand er auf und begrüßte uns freundlich mit den Worten: „Schauen Sie sich nur ruhig um“, und sogleich legte er sich wieder hin.

Über einige Treppen gelangten wir in den Speisesaal, der auch menschenleer war. Zwei große Holztische und säuberlich aufgestapeltes Geschirr in den Regalen zeugten davon, daß dieser Ort noch täglich benutzt wurde. An den Wänden hingen Bilder von H. P. Blavatsky und Annie Besant. Viele Namen von Menschen, die hier

gewirkt hatten und geschult wurden, kamen mir in den Sinn: Leadbeater, Major Olcott, Krishnamurti und viele andere. An diesem Ort, wo sich Vergangenheit und Gegenwart berührten, hatte man sich bemüht, die versunkene Welt wieder dem Licht zuzuführen. Diese Pioniere waren die Maulwürfe des Universums, die in den dunklen Teichen der versunkenen Welt die Quellen des Lichts wieder zum Sprudeln brachten.
Gegenüber der großen Bibliothek stand eine Büste von Leadbeater, das Gesicht dem Forschungszentrum zugewandt. Eine Japanerin und einige Europäer saßen hier konzentriert über Büchern und vertieften sich in die Wissenschaften der anderen Welt. Doch das angehäufte Wissen barg immer auch die Gefahr, zur Waffe zu werden.
Es war schon später Nachmittag, als uns das Auto nach Madras zurückführte.
Am nächsten Morgen holten wir gemeinsam mit Sri Ventakaraman die Flugscheine ab; es war unser letzter Tag in Madras, denn für den nächsten Tag hatten wir glücklicherweise zwei Plätze für unseren Flug in den Norden erhalten.

Benares – die heilige Stadt

Am nächsten Morgen fuhren wir zum Flughafen. Sri Ventakaraman begleitete uns mit Frau und Tochter. Als wir uns von der Familie verabschiedeten, übergab Sri Ventakaraman Mister Romanefski ein Schreiben mit der Adresse des Verbindungsmannes und erklärte: „Swami Bhaktananda lebt in der Altstadt, und die ist wie ein großes Labyrinth. Fragen Sie einen Rikscha-Fahrer, der wird Sie hinführen."

Als wir im Flugzeug saßen, erschrak ich ob mir selber, denn mir war bewußt geworden, daß ich seit dem Augenblick, da ich in Indien gelandet war, keinen einzigen Gedanken an meinen Wohnsitz in England verloren hatte. Mein früheres Leben schien völlig aus meinem Bewußtsein ausgelöscht zu sein. Mir war, als ob ich schon viele Wochen weg wäre. Immer stärker fühlte ich mich als Teil dieser andersartigen leichten und hellen Atmosphäre, die trotz Hunger und Armut in diesem Land herrschte.

„Schauen Sie dort unten, das ist der Ganges", erklärte Mister Romanefski und riß mich aus meinem meditativen Zustand. Leicht nach vorn gebeugt sah ich den breiten silbrigglitzernden Strom, der sich durch eine öde braune Landschaft zog.

Der kleine Flughafen hatte seinen eigenen Charme, und zu meiner Erleichterung stellte ich sogleich fest, daß es hier nicht mehr so heiß war und die Luft etwas trockener. Als wir die kleine offene Halle verließen, kam eine größere Gruppe Männer auf uns zu, die alle zusammen immer den gleichen Namen ausriefen. Erleichtert stellte ich fest, daß sie an uns vorbeigingen, geradewegs auf einen Mann zu, der soeben die Halle verlassen hatte. Sie legten ihm eine Menge leuchtender Blumengirlanden um den Hals, so daß am Ende nur noch der obere Teil seines Kopfes herausragte. Was für eine stürmische Begrüßung!, dachte ich.

„Kommen sie mit meinem Taxi, hier fahren keine Busse, und ich kenne ein gutes billiges Hotel für Sie", sagte der Taxifahrer, der einen braunen Schal um den Kopf gewickelt hatte und mich damit an die alten Marktfrauen in London erinnerte. Innerlich mußte ich lachen, denn inzwischen war mir das Spiel schon vertraut. Erwartungsvoll grinste er uns mit seinem zahnlosen Mund an.

In meinem ganzen Leben hatte ich noch nie so viele originelle Charaktere gesehen wie in den vergangenen Tagen, denn jeder gab sich ganz so, wie er war. Als wir ihm zusagten, leuchteten seine Augen, und er versicherte uns mit ernster Miene, daß er wirklich der beste Taxifahrer in Benares sei.

Lässig hängte er seinen rechten Arm aus dem Fenster, zum einen wegen der Wärme und zum anderen, um den übrigen Verkehrsteilnehmern seinen Weg anzuzeigen. Kalter Schweiß lag auf meiner Stirn, als er ohne je den Fuß vom Gaspedal zu nehmen, in mörderischer Fahrt mitten auf der Straße fuhr, Busse und Ochsenkarren links und rechts überholte und dabei fast eine langsam dahintrottende Kuh rammte.

Die Vegetation war hier von jener in Madras völlig verschieden, nicht mehr tropisch. Es dauerte doch fast eine Stunde, bis wir die äußeren Bezirke der Stadt erreicht hatten. Ich konnte es kaum erwarten, aus diesem Taxi auszusteigen. Der Fahrer brachte uns zu einer kleinen Herberge, die uns annehmbar schien.

Doch die Schlitzohrigkeit des Mannes an der Reception war ihm ins Gesicht geschrieben, und erst nach langem

Feilschen konnten wir uns auf einen annehmbaren Preis für die Zimmer einigen. Das große Zimmer hatte den Charakter eines Massenlagers, doch der Manager machte uns das Zimmer so schmackhaft, als hätten wir soeben die Suite eines Fünf-Stern-Hotels betreten. Eine ganze Familie Geckos äugte von der Decke auf uns herab, und der Manager meinte schmunzelnd: „Das sind gute Tiere, sie fressen die Moskitos. Leider ist das das einzige Zimmer, das noch frei ist."
„Macht es Ihnen etwas aus, mit mir ein Zimmer zu teilen?" fragte ich Mister Romanefski, und er meinte: „Durchaus nicht. Wir könnten uns frisch machen und später Swami Bhaktananda aufsuchen", schlug er vor. Ich war froh, mich erfrischen zu können, denn ich fühlte mich ein bißchen matt vom Flug.
Etwas später stoppten wir auf der Straße einen Rikscha-Fahrer. Der alte Mann mit schütterem Haar versicherte uns, daß er diese Adresse in der Altstadt kenne, und gutgläubig stiegen wir in sein Gefährt ein. Langsam radelte er vorwärts durch den stockenden Verkehr, den vorbeifahrenden Rikschas immer etwas zurufend, als würde er sie etwas fragen, und nach langer Fahrt stellte sich heraus, daß er überhaupt keine Ahnung hatte, wo wir hinwollten. Zum Trost führte er uns zu einem kleinen Laden, wo uns ein Mann einen Stadtplan verkaufte, uns aber sogleich wissen ließ, daß hier nicht alle Straßen eingetragen seien.
Der Rikscha-Fahrer erklärte uns, daß wir nun zu Fuß weitergehen müßten, da er nicht durch diese engen Gassen fahren könne.

Es war das totale Chaos. Die Gassen waren verstopft von den vielen Menschen, die hier auf- und abgingen. Kleine Geschäfte und Restaurants reihten sich nahtlos aneinander und der Alltagslärm hallte von den hohen grauen Steinmauern. In den bunten farbenfrohen Läden wurde gefeilscht, diskutiert und gelacht. Kühe zwängten sich durch die feuchte endlose Gasse, immer nach etwas Freßbarem Ausschau haltend. Der unebene steinige Boden war schlammig und schmutzig.

In einem offenen Laden saßen junge Männer und Frauen und knüpften mit geschickten Fingern Blumenketten aus Jasmin und Rosen, die als Opfergaben für die vielfältige Götterwelt dienten. Unmittelbar daneben war ein Händler, der Götterbilder fürs Wohnzimmer und den Hausaltar verkaufte: von Ganesha, dem Gott mit dem Elephantenrüssel, Lakshmi, Sarasvati, Shiva, Lord Subramaya, Vishnu, Jesus mit dem brennenden Herzen und vielen anderen. Kinder saßen hinter großen Körben voller Früchte, und als sie uns sahen, streckten sie sie uns mit großen lachenden Augen entgegen. Von überall her drang aus den Geschäften der süßliche Duft nach Räucherstäbchen, die unter den Götterbildern angezündet worden waren. Niemand drängte uns zum Kaufen, und wenn wir Nein sagten, wollte man uns zu einer Tasse Kaffee einladen, denn Konversation war ebenso wichtig.

Immer wieder hörte man Glocken aus den vielzähligen Tempeln ertönen. Es war der Anfang des Rituals, um die göttliche Kraft für die anwesenden Gläubigen herbeizurufen. Ein Knabe kam auf uns zu: „Sir, kommen Sie, ich zeige Ihnen den goldenen Tempel und den Affentempel, und dann führe ich Sie in eine Seidenfabrik, Sie brauchen nichts zu kaufen, nur zu schauen." Es dauerte lange, bis ich den hartnäckigen Knaben davon überzeugt hatte, daß wir dafür jetzt keine Zeit hätten, und als ich ihn fragte, ob er denn nicht in die Schule gehe, grinste er verschmitzt und meinte: „Heute habe ich frei!"

„Es muß hier ganz in der Nähe sein", Mister Romanefski zeigte mir die Stadtkarte und die Gasse, in der wir uns befanden, die direkt zum Ganges führte. „Am besten ist es, wir fragen jemanden", schlug er vor.

Wir betraten den kleinen Laden eines Stoffhändlers, wo drei ältere Männer barfuß auf weißen Kissen saßen und angeregt miteinander diskutierten. Kaum hatte uns der Händler erblickt, erhob er sich rasch, um uns freundlich einzuladen, uns zu ihnen zu setzen und Kaffee zu trinken. Seine Augen glänzten, er witterte das große Geschäft.

Wir kamen nicht dazu, ihm unser Anliegen zu erklären, denn sogleich rollte er die kostbarsten Seidenrollen vor unseren Füßen aus, lobte die Qualität seiner Ware in höchsten Tönen und pries uns glücklich, den richtigen Laden betreten zu haben.

„Entschuldigen Sie, wir wollen jetzt nichts kaufen, wir suchen einen Swami, der hier in der Nähe wohnt und wir hatten gehofft, daß Sie uns vielleicht weiterhelfen können", unterbrach Mister Romanefski den Redefluß und streckte dem Mann den Zettel mit der Adresse ent-

gegen. Die Enttäuschung des Händlers war von kurzer Dauer, er nahm den Zettel, kramte aus seiner weiten weißen Pluderhose eine alte Nickelbrille hervor und setzte sie auf seine Nase.
„Swami Bhaktananda", murmelte er vor sich hin, setzte sich zu seinen Kumpanen und reichte den Zettel herum. Es stellte sich bald heraus, daß alle einen Swami Bhaktananda kannten in verschiedenen Städten Indiens, und einer wollte gar wissen, daß der Swami nach Amerika ausgewandert sei. Unsere Diskussion hatte bei den Passanten in der Gasse Interesse geweckt, und vom Sog der Neugierde angezogen, kamen noch mehr Leute in den Laden. Alle kannten einen Swami Bhaktananda und waren bereit, uns sogleich zu ihm zu führen. Ohne daß wir es bemerkt hatten, waren wir in ein endloses Frage- und Antwortspiel verstrickt, bis Mister Romanefski einmal tief durchatmete, allen dankte und verlauten ließ, daß er inzwischen selber herausgefunden habe, wo der Swami wohne.
Lange gingen wir durch schmale Gassen, bis Mister Romanefski einer inneren Eingebung folgend sagte: „Hier muß es sein, wir sind schon einmal an dieser Stelle vorbeigekommen und haben diese kleine Seitengasse übersehen."
Vor einem Hauseingang saß eine ganze Familie. Die Mutter hatte ihren kleinen Sohn auf eine Steinplatte in der Nähe des schmalen Abflußkanals gestellt, schrubbte den laut schreienden Jungen mit Seife ein und übergoß ihn dann mit einem Krug kalten Wassers. Die anderen fünf Kinder schauten belustigt zu, während die

Großmutter einem kleinen Mädchen auf ihrem Schoß liebevoll die Läuse aus dem Haar entfernte.
Die Intensität dieser vielen ungewohnten Eindrücke drängte mein Auffassungsvermögen an die äußerste Grenze. Ich war nicht mehr in der Lage, das Gesehene in mein logisch rationelles Weltbild einzuordnen. Beim nächsten Eingang öffneten wir die laut quietschende Haustüre und gingen durch einen feuchten, spärlich beleuchteten Flur eine steile Treppe hoch. Die Türe war ein Spaltbreit offen, trotzdem klopfte Mister Romanefski leise, bevor wir eintraten.
Das kleine Zimmer war bis auf einige Bastmatten am Boden leer, und auf einer solchen Unterlage saß Swami Bhaktananda im Lotussitz, in tiefe Meditation vertieft. Er war in ein orangefarbenes Mönchsgewand gekleidet, und seine schneeweißen Haare und der lange Bart zeugten von hohem Alter. Über den buschigen Augenbrauen war die breite Stirn mit Asche bedeckt. Seine Sinne waren völlig gesammelt und von dieser Welt zurückgezogen. Das war daran sichtbar, daß von seinem Körper nicht die geringste Regung ausging.
Still setzten wir uns in seine Nähe, denn es war unmöglich, ihn in seiner Meditation zu stören; etwas Unantastbares strahlte von ihm aus. Mehrere Stunden warteten wir geduldig, und genau in dem Augenblick, als die Sonne die goldenen Strahlen aus der heiligen Stadt zurückzog, öffnete der Swami die Augen. „Ich habe euch erwartet“, sagte er mit ruhiger durchdringender Stimme, „ihr wollt die Meister treffen, sie werden euch empfangen. Sie befinden sich zur Zeit am Fuße des Hima-

layas. Da ich aber die heilige Stadt nie verlasse und es auch nicht meine Aufgabe ist, euch zu ihnen zu führen, habe ich veranlaßt, daß euch jemand, der dafür geeignet ist, hinführen wird. Morgen Abend müßt ihr um fünf Uhr in Sarnat im Tibetanischen Kloster sein, dort wird euch ein Lama erwarten, er wird euch zu den Meistern führen."

Ich war tief beeindruckt, die Reise war für uns total durchorganisiert; wahrlich, eine höhere Macht leitete unsere Wege. Der Swami hatte uns gesagt, was er uns mitteilen mußte, kein Wort mehr. Es war offensichtlich, daß das Sprechen nicht seine Stärke war, und so verabschiedeten wir uns von ihm und standen wieder unten in der lärmenden Gasse.

Die Mutter, die vorhin den Jungen gewaschen hatte, hatte gerade den Säugling, der zuvor von der Großmutter entlaust worden war, an die Brust genommen, und das nackte Mädchen saugte gierig an der dunklen Brustwarze, welche die Mutter entblößt hatte.

Die Nacht war ganz hereingebrochen, und Mister Romanefski schlug vor, daß wir noch eine Weile zum Fluß hinuntergehen könnten. Wir stiegen eine lange steile Treppe hinunter zu den Ghats. Diese langen uralten Treppen ziehen sich um verschiedene Ecken, in unregelmäßigen Höhen und Formen vor der ganzen alten Stadt entlang und dienen vielen Zwecken. Eine Herde Wasserbüffel wurde über die Treppen in die Stadt getrieben; sie ließen ihren starken penetranten Körpergeruch zurück. Wir spazierten den beleuchteten Ghat entlang und setzten uns bald nieder.

Trotz der Dunkelheit herrschte hier noch reges Leben. Frauen schöpften Wasser aus dem Fluß und trugen die schimmernden Messingkrüge auf dem Kopf nach Hause. Schwer mit Reisigbündeln und Grasballen beladene Männer gingen an uns vorbei. Ein älterer Mann stand im kalten Wasser, putzte sich die Zähne und hielt dann in beschwörender Art seine Hände kelchförmig dem zunehmenden Mond entgegen, in der Hoffnung, daß dieser seinen Leib mit Kraft füllen möge. Kleine brennende Öllämpchen tanzten auf dem still dahinziehenden Wasser; jemand hatte dem Fluß ein Opfer gebracht.

Das Mondlicht zog lange silbrige Bahnen über das heilige Wasser und verzauberte die ganze Umgebung. Weiter vorne um die Flußbiegung war der Himmel in feuriges Rot getaucht. Ein älterer Mann, der an uns vorbeiging und gesehen hatte, daß ich mich leicht nach vorne beugte, um ein bißchen mehr von der Ursache der Rotfärbung zu sehen, flüsterte mir zu: „Das ist das Manikarnika-Verbrennungsghat, dort werden die Leichen verbrannt."

Ein befremdendes Gefühl ergriff mein Herz, und ich fragte Mister Romanefski, ob er nichts dagegen hätte, mit mir dieses Ghat näher anzusehen. Hohe alte Häuser ragten wie dunkle Schemen in die Höhe. Ein aussätziger Bettler streckte mir seine verdorrte Hand entgegen, und ich legte einige Münzen auf seine Handfläche, denn die Finger waren von der Krankheit abgefressen. An verschiedenen Plätzen waren am steilen Hang Plattformen eingerichtet, wo überall lodernde Feuer brann-

ten, die die Leichen verzehrten. Ein alter Mann und sein Sohn hatten soeben grobe Holzklötze herangetragen und das feinere Brennholz auf den Haufen gelegt. Dann begaben sie sich gemeinsam zum rituellen Reinigungsbad in den Fluß. Später rasierte der Barbier ihre Schädel kahl, und aus einer alten zusammengerollten Decke entnahmen sie blütenweiße Kleider, die sie eilig anzogen. Die Leiche, wohl die Ehefrau des Mannes, lag in ein rotes Tuch gewickelt, mit Blumengirlanden bedeckt am Boden. Der Vater besprenkelte sie symbolisch mit Wasser aus dem Fluß, und dann legten Vater und Sohn den toten Körper auf den Holzhaufen. Ohne zu zögern, zündete der ältere Mann den Scheiterhaufen an allen vier Enden an und warf den Stock, den er zum Anzünden gebraucht hatte, ebenfalls ins Feuer.
Der süßliche Geruch nach verbrennendem Fleisch schwängerte die Luft. Gewaltige Flammen schossen in die dunkle Nacht empor und beleuchteten das Wasser und die Gesichter der Trauernden.
An anderen Verbrennungsstätten war nur noch die kalte Asche übriggeblieben, aus der vereinzelte Flämmchen züngelten. Es dauerte etwa sechs Stunden, bis der tote Körper ganz verbrannt und die Seele in die gewaltige unsichtbare Welt eingetreten war. Die Männer blieben immer, bis der Leichnam völlig verbrannt war, neben dem Feuer sitzen. Es fiel mir auf, daß nirgends Frauen anwesend waren.
Unten am Fluß aß friedlich eine Kuh die Überreste von Blumengirlanden, und Kinder spielten mit verkohlten Knochen, die hier aufgehäuft lagen. Es waren Teile, die

nicht ganz verbrannt waren. Immer wieder wurden neue Feuer angezündet und laut der Name Gottes „Ram“ angerufen, damit er die heimgekehrten Seelen ins leuchtende Land führen solle.
Mich fror, die kalte Nähe des Todes, das unausweichlich Vergängliche meines Körpers wurde mir bewußter denn je. Diese Erfahrung durchdrang Mark und Bein. Es löste in mir aber keine Angst oder Trauer aus; vielmehr wurde ich noch mehr von dem großen Aberglauben befreit, daß ich dieser vergängliche Körper war. Meine leuchtende Seele lebte in diesem Körper, war aber nicht der Körper.
Ich mußte an Mister Wang denken, der in der vollkommenen Vergeistigung des Fleisches andere Dimensionen verwirklicht hatte, zu denen ich zu diesem Zeitpunkt keinen Zugang hatte.
Als wir den kleinen Empfangsraum des Hotels betraten, brannte nur noch eine kleine Kontrollampe. Der muffige Geruch der alten Möbel, vermischt mit Currygeruch, war allgegenwärtig. In Decken gehüllt, schliefen hier mehrere Männer am Boden. Einer von ihnen erwachte und überreichte uns, ohne aufzustehen, den Zimmerschlüssel. Unsere alten Betten mit den zerrissenen Laken quietschten laut, als wir uns hinlegten.
Der Manager organisierte uns für den Nachmittag einen Fahrer; es war sein Bruder. Er versicherte uns, daß wir uns auf ihn verlassen konnten.
Nach der Fahrt spazierten wir durch den Gazellenhain von Sarnat, wo bei der großen Stupa angeblich Buddha seine erste Ansprache gehalten hatte. Hohe grüne Bäu-

me und blühende Büsche zierten diese große Anlage, in der eine friedliche und stille Atmosphäre herrschte. Tibetanerinnen mit streng geflochtenen Zöpfen und braun gegerbter Haut gingen, ihre Gebetsmühlen drehend, um die Stupa herum, begleitet von ihren Männern. An ihrer ganzen Art erkannte man, daß sie ein Bergvolk waren. Diese große Stupa stellt ein Hauptheiligtum der Buddhisten dar, weil man glaubt, daß sich in seinem Inneren ein Knochen Buddhas befinde.

„Es ist Zeit, daß wir uns jetzt auf den Weg zum Kloster machen", erinnerte mich Mister Romanefski. Auf dem großen Platz, wo die staubige Straße zum Kloster abzweigte, gab es viele kleine offene Restaurants, wo riesige Fliegenschwärme ungeduldig auf Überreste warteten. Ein tibetanischer Mönch mit einem lahmen Bein, der am Stock ging, überquerte den Platz. Ein riesenhafter Geißbock hatte ihn erspäht und ging direkt auf ihn zu, seinen gehörnten Kopf am Arm des Mönchs reibend. Der blieb lachend stehen, streichelte das Fell des Geißbocks und redete lautstark auf ihn ein. Die beiden erweckten den Eindruck, alte Bekannte zu sein.

Wir schritten durch das offene Tor und gingen den Weg, der direkt zum Tempel führte. Beidseits des Weges standen einfache doppelstöckige Häuser, in denen die Pilger, die zum Teil von weit her kamen, untergebracht waren.

Wir zogen die Schuhe aus und betraten den Tempel. Auf erhöhtem Podest stand eine übergroße Statue Buddhas in meditativer Haltung; zu seinen Füßen brannten eine Reihe kleiner Öllämpchen.

Der Raum war hoch. Durch kleine Fenster unmittelbar unter der Decke drang Tageslicht herein. Quer durch den ganzen Raum waren kleine farbige Wimpel aufgehängt, und zwei große Gebetsmühlen warteten in einer Ecke liegend darauf, bald wieder in Betrieb genommen zu werden. Wir setzten uns auf den kühlen Steinboden und warteten. Bald vernahmen wir leise Schritte hinter uns, und sogleich stand der Rinpoche vor uns und sprach: „Willkommen im Kloster!" Sein offenes lachendes Gesicht und die außerordentliche Herzlichkeit, mit der er uns den Willkommensgruß erbot, bewirkten eine ansteckende Freude in meinem Herzen, und sogleich schoß mir der Gedanke durch den Kopf: „Er trägt das göttliche Bild in seiner Seele."

„Diese große Statue hilft den Pilgern und Mönchen, die hier meditieren, sich ihrer eigenen Buddhanatur bewußt zu werden", erklärte der Lama. Trotz der langen roten Mönchsrobe erkannte man den starken robusten Körperbau. Aus den Schlitzaugen blitzten Kraft, Achtsamkeit und Güte, und auf seinem glattrasierten Schädel sprossen winzige schwarze und graue Haare.

„Die Menschen können nicht auf ein fliegendes Flugzeug springen. Sie brauchen Geduld und lange Vorbereitungen, um Nirvana zu verwirklichen." Mit feierlicher Stimme erklärte er weiter: „Buddha lehrt uns, gib auf, was war, was ist, was kommt, gib alles her, dann gibt es keine Wiederkehr."

Dann fuhr er verheißungsvoll fort: „Ich werde euch zu den Meistern führen, diese universellen Geistseelen sind allgegenwärtig und jenseits von System und Religion." Sein Wesen sprühte vor Freude, es war die Freude einer völlig befreiten Seele. Seine Art entzückte und entrückte mich, denn ich hatte mir unter einem Lama etwas ganz anderes vorgestellt, eher einen ernsten und verschlossenen Menschen. Er war das völlige Gegenteil.

Auch Mister Romanefski hatte großen Gefallen an ihm gefunden, denn mit seiner unkomplizierten Art schaffte er es, Tradition, Religion und Kultur aufzulösen und das leuchtende Gesicht des ewigen Seins widerzuspiegeln.

„Leider bin ich noch sehr beschäftigt", unterbrach er unseren Gedankenfluß, „aber wir treffen uns morgen Abend um sechs Uhr an der Bushaltestelle. Die Fahrt ist ziemlich lang, sie dauert gute sechzehn Stunden." Wir wechselten noch einige Worte über die Reise, und er gab uns genauere Anweisungen, wo wir uns treffen würden. Dann schüttelte er lange und intensiv unsere Hände, als hätten wir uns schon immer gekannt.

Der Fahrer saß gelangweilt auf einer Mauer neben seinem Auto und starrte mit stumpfen Augen Löcher in die Luft. Als er uns sah, atmete er erleichtert auf, er hatte genügend Zeit gehabt, um sich eine angemessene Rechnung für uns auszudenken. Der Geruch nach Geld verschaffte ihm ein gutes Gefühl und entschädigte ihn für seine Wartezeit.

Auf dem Rückweg wollte er uns unbedingt zu allerlei Seidenfabriken führen, doch als er bemerkte, daß er damit keinen Erfolg hatte, änderte er seine Taktik: „Ich könnte Sie morgen bei Sonnenaufgang zu den Ghats führen, Tausende Pilger und Sadhus nehmen dort jeden Morgen ihr rituelles Bad. Das Dasaswamethghat ist das allerheiligste Ghat, das müßten Sie sehen."

In einem engen Hinterhof der alten Stadt nahmen wir unser Abendessen ein. Bis auf einen waren alle fünf Tische, die auf dem unebenen Boden standen, besetzt. Müde und krank aussehende Europäer hingen innerlich ausgehöhlt in den Stühlen und faselten etwas von Drogen und Spiritualität. Diese vollkommen überbevölkerte Stadt, in der die Zeit stillzustehen schien, griff das vegetative Nervensystem und die Darmflora stark an. Das war auch der Grund, weshalb die Latrinen, die sich ebenfalls im Hinterhof befanden, ständig besetzt waren. Der unangenehme Geruch war nicht gerade die ideale Voraussetzung zum Essen.

„Hätten Sie Lust, morgen in der Früh an den Ganges zu gehen, es muß sicher ein einmaliges Erlebnis sein?" fragte mich Mister Romanefski. Ich war damit einverstanden.

Auf dem Heimweg ins Hotel spazierten wir durch die beleuchteten pulsierenden Straßen. Alle Läden waren offen, hell beleuchtet und vollgestopft mit kauffreudigen Menschen. Busse bahnten sich rücksichtslos ihren Weg durch den Verkehr, der sich so langsam und träge bewegte, daß man zu Fuß viel schneller vorwärtskam. Unzählige Velo-Rikschas, Fußgänger und riesenhafte Ochsen in der Größe kleiner Pferde zwängten sich in allen Richtungen durch die Straßen.

Trotz dieser riesigen Menschenmassen, die sich nebeneinander vorbeidrückten, ging zu meinem Erstaunen

die ganze Bewegtheit ohne jegliche Aggression vor sich.
Wir mußten die Straße überqueren, was mir in diesem Moment wie ein lebensgefährliches Unternehmen vorkam, doch irgendwie schafften wir es dann doch noch. „Baba, komm, schau Kobra mit Mungo kämpfen", rief uns ein Mann zu, der am Boden in einer Ecke saß. In der einen Hand hielt er einen rastlosen Mungo an der Leine, in der anderen einen Stock, mit dem er den Deckel eines Korbes hob, aus dem sogleich zischend eine Kobra herausschoß. Das Narbengesicht mit den blutunterlaufenen Augen, der scharlachrote Turban und die ganze Art, wie er so dasaß, strahlten etwas unheilvoll Dunkles aus. Rasch gingen wir an ihm vorbei. Ein paar Schritte weiter kam ein alter zahnloser Bettler mit einem kleinen Kind auf uns zu und streckte stumm bittend eine leere Blechbüchse hin.
Aus einem Laden dröhnte verzerrte Musik aus einem alten Transistorradio, und ich dachte, daß jeden Moment die Lautsprecher aus dem Gehäuse fallen müßten. Aus einer Seitengasse tauchte plötzlich ein riesiger Elefant auf und trottete gemächlich auf uns zu. Ein Busfahrer fluchte laut, weil er dem Tier Platz machen mußte, und dabei stieß er ungewollt einen Früchtestand um. Sofort gab es einen Menschenauflauf, denn alle wollten ihre zügellose Neugierde befriedigen. Die kleinen gierigen Augen des Elefanten waren auf die am Boden herumliegenden leckeren Früchte fixiert. Behutsam tastete sein Rüssel in diese Richtung, doch der Elefantentreiber, der hoch oben auf seinem großen Kopf

saß, wies ihn mit lauten Befehlen zurecht, und das große Tier gehorchte bedingungslos seinem Meister. Während der Früchtehändler mit dem Busfahrer in eine lautstarke Auseinandersetzung verstrickt war, ergriff ein kleiner Junge die Gelegenheit, mehrere reife Mangos in einen leeren Korb einzusammeln. Dann rannte er rasch davon. Als der Händler den kleinen Dieb erspäht hatte, verfolgte er ihn laut fluchend, doch der Junge war längst in der Masse verschwunden.

Als der Händler wutentbrannt zum Bus zurückkehrte, war dieser bereits wieder in Fahrt, und der Elefant trottete gemütlich weiter.

„Rikscha?" fragte eine Stimme hinter uns. Erleichtert stiegen wir ein. Im Zimmer angelangt, wollte ich meine Kleider in den Wandschrank hängen, doch der roch so stark nach Mottenkugeln, daß ich es vorzog, sie an den langen Nägeln, die in die Wand eingeschlagen waren, aufzuhängen.

Das laute Lachen des Lama vibrierte immer noch in meiner Seele, und ich freute mich sehr, mit ihm diese Reise zu unternehmen. Mit geschlossenen Augen lag ich auf dem Bett und hatte das starke Empfinden, daß sich über dieser Stadt ein glasklares Lichtfeld ausbreitete, das sie wie eine Käseglocke überdachte. Es schien mir paradox, denn das, was ich außen sah, konnte ich nicht mit dem, was ich innen empfand, vereinbaren.

Kurz vor Sonnenaufgang schritten wir mit Hunderten von Menschen die langen abgetretenen Steinstufen zum Ganges hinunter. Beidseits der Treppe saßen unzählige Bettler, die mit ihren Rufen die euphorische

Stimmung durchdrangen. Leprakranke mit verunstalteten Gesichtern saßen in einer kleinen Gruppe dicht beieinander und unterhielten sich eifrig.
Kühe drängten sich durch die Menschenmenge zum Fluß, als wären auch sie in Eile, zum richtigen Zeitpunkt unten am Wasser zu sein. Sanftes Morgenlicht verschluckte sachte die Nachtschatten der uralten Stadt. Wie goldene Engel erstrahlten am Horizont die ersten Morgenstrahlen. Unzählige Pilger, Sadhus und Yogis standen im Wasser und wuschen Körper und Kleider. Mantren und Gebete wurden lautstark der aufgehenden Sonne entgegengesandt. Mehrmals tauchten die Gläubigen ganz im Wasser unter, meditierten auf den Stufen oder machten ihre Asanas (Yogaübungen).
Brahmanen saßen unter großen Sonnenschirmen auf gezimmerten Holzpodesten, ölten ihre Körper ein und vollzogen danach gegen Bezahlung Rituale für die Pilger. Alle wollten sich im Fluß reinigen: Reiche, Arme, Krüppel, Gesunde, Heilige und Scheinheilige, alle waren sie hier versammelt. Ich fühlte mich in eine ferne vergangene Welt versetzt, doch das alles kam mir nicht fremd, sondern im Gegenteil sehr vertraut vor.
Aus dem uralten dunkelroten Tempelturm, aus dessen Ritzen Gräser und Gestrüpp wuchsen, ertönte eine Glocke und aus einem Lautsprecher der monotone Gesang des Shiva-Mantram, dessen hundert heilige Namen aufgerufen wurden. An der anderen Seite des Flusses glitten zwei alte hohe Holzbarken mit viereckigen zerrissenen Segeln den Fluß hinunter. Wir saßen am Wasser, als eine halbverkohlte Leiche langsam an uns

vorbeitrieb. Auf dem Teil, der aus dem Wasser ragte, saßen zwei Krähen, die, ihre Mahlzeit verzehrend, gleich mitschwammen. Eine Gruppe Menschen richtete ein gefühlvolles Lied an die Göttin Parvati, während unmittelbar daneben ein Kalb klagend nach seiner Mutter rief.

Die Sänger waren ältere Frauen und Männer, für welche die weltlichen Dinge ihre Anziehungskraft verloren hatten. Die Gesichter strahlten, die Kraft der alten Sanskritsprache erfüllte ihre Herzen. Neben ihnen saß ein Mädchen aufrecht in meditativer Haltung, der Lärm und das regelmäßige Klatschen des Wassers gegen die Steinstufen schien nicht bis zu ihr zu dringen.

Eine Frau, die einen großen Tonkrug auf dem Kopf trug, ging geschmeidig die steilen Treppen hoch. Ihr aufrechter gazellenartiger Gang strahlte große Harmonie aus.

Die Sonne stand schon hoch am Horizont, es wurde wärmer. Der Großteil der Menschen zog sich in die kühlen Schatten der Stadt zurück, um am nächsten Morgen bei Sonnenaufgang wieder hier zu erscheinen, wie das seit Jahrtausenden tagtäglich geschah. „Dieser Fluß hat wirklich einen besonderen Magnetismus", meinte Mister Romanefski, und wir standen auf, um in der Stadt in einem kleinen überfüllten Restaurant zu frühstücken.

Gegen Abend verabschiedeten wir uns vom Hotelmanager, und sein Bruder führte uns zur Busstation. Es war hier reger Betrieb, wie in einem Ameisenhaufen, doch bald sahen wir den Rinpoche, der eilig auf uns zukam, uns begrüßte und uns einen der Busse zeigte: „Ich habe die Fahrkarten geholt und drei Plätze reservieren lassen." Der Bus war noch geschlossen, und vom Fahrer war nichts zu sehen, doch sobald er die Türe geöffnet hatte, waren in wenigen Minuten alle Sitzplätze besetzt, und die Zuspätgekommenen mußten im Gang stehenbleiben. Es war bereits Nacht, als wir endlich losfuhren. Der Fahrer raste über holprige Wege und durch kleine Dörfchen unaufhaltsam nordwärts. Mich fröstelte, und ich erschrak jedesmal, wenn er minutenlang die laute Hupe betätigte, um Menschen und Vieh von der Straße zu vertreiben. Dann hielt er in einem kleinen Dorf, um eine längere Rast einzulegen.

Kaum waren die Türen geöffnet, wurden wir von Händlern und Bettlern belagert. Ein Mann ohne Beine schleppte sich mühevoll durch den Bus, und mit resigniertem Lächeln streckte er uns die hohle Hand hin. Sein Körper war von Schmerzbeulen übersät, das Schicksal hatte ihn schwer geprüft. Sicherlich hatte er oft den Tod als Notausgang herbeigesehnt.

Kinder verkauften Erdnüsse und Süßigkeiten, und eine ältere Frau wollte unbedingt ihren Kaffee loswerden. Endlich konnte ich meine Beine strecken. Ich entfernte mich einige Schritte vom Bus, wo sich mehrere Schweine genüßlich in großen Pfützen wälzten und Kinder mit offenen Mäulern zu mir herschauten. Die ersten Sonnenstrahlen berührten das Minarett der nahen kleinen Moschee, und der Muzadin las durch einen Lautsprecher aus dem Koran.

Der Lama hatte mich gesehen und kam auf mich zu: „Es

wird noch einige Stunden dauern, bis wir unser Ziel erreicht haben“, erklärte er. Mister Romanefski winkte uns zu sich und machte uns auf das kleine halboffene Restaurant aufmerksam, in welchem wir mit anderen Reisenden vom Bus das Frühstück einnehmen konnten. Es gab Massala-Dosa und Kaffee.
Einige Reisende blieben am Ort. Der Bus war nur noch halb voll, als wir weiterfuhren, dafür war der hintere Teil mit Getreidesäcken und gackernden Hühnern in engen Holzkörben vollgestopft.
Wir fuhren durch eine grüne fruchtbare Gegend. Dann wurde die Landschaft hügeliger, und bald befanden wir uns in einem Gebiet kleiner Berge aus kahlen großen Felsblöcken. Der Bus kroch durch eine tiefe Schlucht eine steile Serpentinenstraße empor. Auf der schmalen staubigen Landstraße mußte er in schwindelnder Höhe anderen Fahrzeugen ausweichen. Ich wagte es nicht, hinauszusehen, denn einen Meter neben den Rändern gähnte der tiefe Abgrund. Es war angenehm kühl, erleichtert atmete ich auf, denn dieses Klima war mir vertraut. Als wir nach langem endlich oben auf dem Berg angelangt waren, staunte ich ob der überwältigenden Aussicht.
In der Ferne waren die ersten hohen Ausläufer des Himalayas sichtbar, und die schneebedeckten Gipfel ragten majestätisch in den stahlblauen Himmel empor.

Begegnung mit den Meistern

Am späteren Nachmittag durchfuhren wir gerade eine karge Steppenlandschaft, als der Lama sich dem Fahrer näherte, um ihm mitzuteilen, daß wir hier aussteigen wollten. Nachdem wir um die nächste Kurve herumgefahren waren, sagte der Lama: „Wir sind angekommen, hier steigen wir aus." Ich erschrak, denn außer einer bergigen Landschaft war hier nichts zu sehen.
Als wir auf der Straße standen, starrten uns neugierige Augen aus dem Businneren an, denn die Leute konnten nicht verstehen, daß ein Lama und zwei Europäer hier inmitten der Wildnis ausstiegen.
„Wir müssen noch ein Stück gehen, Freunde von mir haben hier in der Nähe ein Haus. Bei ihnen können wir übernachten und morgen die Meister aufsuchen", erklärte der Rinpoche ungerührt. Eine Weile folgten wir der schmalen Straße, dann stiegen wir einen steilen Hügel hinan. Es herrschte absolute Stille, einzig das Geräusch des Windes, der sachte über die wenigen niederen Büsche strich, war hörbar.
Die braunen steinigen Berge ringsumher waren mit verdorrten Büschen überwachsen. Einige wenige Laubbäume standen wie Einsiedler in dieser rauhen Gegend. Nach langem ermüdendem Marsch stiegen wir über einen Bergkamm und sahen weit unten in einem kleinen geschützten Talkessel ein Haus stehen, das von Fruchtbäumen und einem kleinen Garten umgeben war. Der kleine Ziehbrunnen vor dem Haus war das Geheimnis für das Bestehen der Oase hier in dieser unfruchtbaren

Gegend. Nie hätte ich mir vorgestellt, daß es in dieser Gegend Wasser geben könnte.
Hühner gackerten vor dem Haus, und eine Eselin beäugte uns mit befremdetem Blick. Der Rinpoche klopfte an die Türe, doch es war niemand zu Hause. Ohne zu zögern, traten wir in einen kleinen, ordentlich aufgeräumten, bescheiden eingerichteten Raum ein. In der Ecke auf einem niederen Altar stand eine Buddhastatue, vor der eine kleine Öllampe brannte. Wir setzten uns an den Tisch. Der Rinpoche erklärte uns: „Bei Sonnenaufgang wollen wir aufbrechen, so daß wir um die Mittagsstunde den Ort erreicht haben, wo euch die Meister empfangen werden. Wir sollten uns gut ausruhen, denn es ist ein ziemlich beschwerlicher Marsch."
Die Eselin wieherte laut, und aus nicht allzu weiter Ferne kam sogleich die Antwort auf ihr Rufen.
„Das müssen meine Freunde sein, kommt, wir wollen sie empfangen", schlug der Lama vor. In der Ferne sahen wir zwei Gestalten, die sich uns näherten. Der Esel war hoch mit Brennholz bepackt, das die Leute im kleinen Wäldchen am Fuß des einen Berges gesammelt hatten. Hoch über uns kreiste majestätisch ein großer Steinadler. Sein scharfer Blick suchte minuziös den Boden nach einer Beute ab.
Nun sahen wir, daß es ein älteres Ehepaar war, das hier allein, abgeschieden von der Hektik der Welt, lebte. Sie hatten uns noch nicht entdeckt, denn in angeregtem Gespräch hielten sie die Köpfe gesenkt. Die Frau sah uns zuerst und rief laut: „Rinpoche, was für eine Freude, daß Sie uns wieder einmal mit Ihrem Besuch beehren!"

Sie schüttelten sich lange und herzhaft die Hände, und dann stellte der Lama uns den Gastgebern vor: „Ich habe hier zwei Freunde mitgebracht, das ist Mister ..."
Erst jetzt bemerkte er, daß er sich nie nach unserem Namen erkundigt hatte. Wir mußten alle lachen, denn seine Unbelastetheit war wohltuend. Nachdem wir uns selbst vorgestellt hatten, half der Lama sogleich das Holz vom Esel abzuladen, und wir halfen mit.
Das Ehepaar war einander im Laufe des Alters ähnlich geworden. Doch aus ihren verrunzelten Gesichtern sprühte noch geistige Frische. Die Augenlider des Mannes waren leicht geschwollen, und sein Rücken war vom Alter und von der Arbeit gebeugt, die schwindenden Lebenskräfte machten ihm zu schaffen. Die Frau hatte trotz ihres Alters nichts von ihrer Geschmeidigkeit eingebüßt. Ihre zarte Gestalt schien fast durchsichtig, so daß das Netzwerk ihrer Adern deutlich sichtbar war.
Erschöpft setzten sie sich draußen auf die von Hand gezimmerte Holzbank, und wir setzten uns zu ihnen. Rosarote Abendwolken zeichneten ihre Schatten auf die karge Erde. „Führen Sie die Gäste auf den Berg?" fragte der Gastgeber den Rinpoche. Dieser antwortete: „Ja, morgen in der Frühe."
„Es ist schon lange her, vor etwa drei Monaten, sind wir hoch oben in den Bergen einem der Meister begegnet, er hat uns eure Ankunft bereits vorausgesagt", erinnerte sich die Frau. „Kommt doch ins Haus, ich werde euch etwas zum Essen zubereiten, ihr seid sicher hungrig."
Mister Romanefski und ich blieben noch eine Weile

draußen. „Wissen Sie, was Rinpoche eigentlich heißt?" wollte ich von ihm wissen.
„Das heißt ‚höhere Geburt', und bei diesem Lama trifft dies wirklich zu", erklärte er mir. Nach dem Abendessen sprach der Lama in glasklarer einfacher Art über den achtfachen Pfad des Entsagens aus dieser Welt. Seine unbestechliche, leichte und unkomplizierte Art ließ seinen hohen geistigen Zustand vergessen.
Mister Romanefski fragte ihn, ob er sich denn meistens in Sarnat aufhalte, was er verneinte: „Vorwiegend bin ich in einem Kloster in Sikkim am Himalaya. Es befindet sich hoch oben in den Bergen und ist schwer zugänglich. Außenstehende haben dort keinen Zutritt", erklärte er in einem ernsten und festen Ton.
Mister Romanefski erzählte ihm von Mister Wang und der begonnenen Arbeit, die nun in der westlichen Hemisphäre verwirklicht werden mußte. Der Rinpoche hörte aufmerksam zu und meinte dann: „Wenn ihr den Segen der Meister habt, wird und muß sich euer Auftrag bis ins kleinste Detail erfüllen, denn dann steht das ganze göttliche Universum hinter euch... Morgen ist Vollmond", murmelte er noch wie beiläufig vor sich hin.
Der Hahn krähte am anderen Morgen laut, und bald standen wir startbereit vor dem Haus. Die Gastgeberin ließ uns wissen, daß sie uns mit dem Abendessen erwarten würde.
Wir schritten über eine steinig öde Weite. Mir war aufgefallen, daß der Rinpoche, der sonst Sandalen trug, jetzt barfuß ging. Dornen und spitze Steine schienen ihn nicht im geringsten zu stören. Er hatte eine rasche

Gangart; oft hatte ich Mühe, ihm durch dieses unwegsame Gebiet zu folgen. Nach langen Stunden kletterten wir einen steilen Hügel empor, dann gingen wir im Schatten eines höheren Berges. Während einer kurzen Rast zeigte der Rinpoche auf einen sehr hohen felsigen Berg und meinte so nebenbei: „Da müssen wir hoch." Mir stockte bei diesem Anblick der Atem, doch der Lama mahnte: „Wir müssen weiter."
Als wir mit dem Aufstieg begannen, konnte ich mir beim besten Willen nicht vorstellen, daß hier jemand wohnen könnte, denn dieser Berg war völlig kahl; hier wuchs überhaupt nichts. Ich staunte, wie leichtfüßig Mister Romanefski diesen Marsch bewältigte. Der Lama führte uns über glatte Felswände, und zwischen riesigen Felsbrocken zielsicher nach oben. Als wir eine glatte Felsplatte überquerten, glaubte ich meinen Augen nicht zu trauen. Der Rinpoche war in eine geistige Dimension eingetreten, die mein Bewußtsein in jeder Hinsicht überforderte.
Jeder seiner Fußtritte hatte sich im harten Fels etwa einen Zentimeter tief eingeprägt. Ferse, Zehen, der ganze Fuß waren deutlich sichtbar, und in jedem der Abdrücke war feiner Goldstaub eingepreßt.
Mister Romanefski, der neben mir herging, war ebenfalls verblüfft ob dieser Entdeckung. Und plötzlich war es, als ob der Rinpoche uns in den hohen Zustand mitgenommen hätte, jede Zelle meines Körpers war von einem intensiven Glücksgefühl durchbebt. Ich war mir nicht sicher, ob meine Füße noch den Boden berührten oder ob ich den Berg, der mir jetzt völlig verwandelt vor-

kam, hochschwebte. Alles um mich herum war lebendig, und zu meinem Schrecken mußte ich feststellen, daß ich heute zum ersten Mal erlebte, was Wirklichkeit war.
Jegliche Müdigkeit war verschwunden, so daß mir der Rest des Aufstiegs keine Mühe mehr bereitete. Oben angekommen, staunte ich noch mehr. Auf einem Plateau stand ein weißes Haus, umgeben von einem großen Garten. Üppige grüne Bäume und Sträucher und unzählige verschiedenartig leuchtende Blumen wuchsen überall. Unmittelbar neben dem Haus plätscherte kristallklares Wasser aus dem kahlen Felsen hervor, das sich weiter vorne in einem Teich sammelte, in dem weiße und rote Lotusblumen ihre offenen Blüten der Sonne entgegenstreckten.
Der Rinpoche wandte sich uns zu: „Tretet ein, ihr werdet erwartet, ich bleibe hier im Garten." Ohne zu zögern, betraten wir das Gebäude, gingen ohne jegliche Anweisung in den oberen Stock und betraten dort einen großen hellen Raum. Wir setzten uns in die Sessel und warteten geduldig. Vor uns auf dem Tisch stand eine große Schale frischer Früchte, doch ich wagte nicht, mich zu bedienen. Die hohen Fenster waren weit geöffnet, und wir genossen die herrliche Aussicht der völlig wilden und unberührten Gegend.
Mein Herz raste aus unerklärlichen Gründen, sicher hörte Mister Romanefski das laute Pochen im stillen Zimmer. Ich erschrak, denn plötzlich stand ein älterer Mann im Zimmer, und kurz danach erschien auch ein etwas jüngerer Mann. Ich war mir völlig sicher, daß sie

weder durch die Türe noch durchs Fenster gekommen waren. Beide waren in lange ockerfarbene Gewänder gekleidet, und der ältere Mann trug einen langen Bambusstock in der Hand. Im Gegensatz zum jüngeren hatte er lange Haare, und sein markantes weiches Gesicht strahlte unendliche Güte und Kraft aus. Wortlos standen sie da, als unerwartet noch eine Frau in einem langen weißen Gewand im Raum erschien.
Graziös kam dieses engelhafte Wesen auf uns zu und sprach: „Willkommen, wir haben euch erwartet.“ Es war mir unmöglich, sie einer bestimmten Rasse dieser Welt zuzuordnen, denn mir schien, als habe sie von allen etwas. Die beiden Männer sahen sich ähnlich, doch ihren Gewändern und dem dunkleren Typus nach zu urteilen, stammten sie aus dem östlichen Raum. Die titanische Kraft, die von diesen drei Menschen ausstrahlte, war so enorm, daß ich Mühe hatte, sie zu verkraften. Ich hatte den Eindruck, als ob sich das ganze göttliche Universum an diesem Ort konzentrierte.
Der Bronn des ewigen Lebens strömte in voller Herrlichkeit durch diese drei vollendeten Wesen. Zeit, Raum und Materie waren inexistent. Mir dämmerte eine Vorahnung der Unsterblichkeit, der ewigen Jugend und der unendlichen Lichtschätze, der unbegrenzten göttlichen Macht.
Diese Gottmenschen besaßen ein multidimensionales Wahrnehmungsvermögen und hatten alle Grenzen und Begrenzungen überschritten und aufgelöst.
Die Frau fuhr fort: „Euer Bemühen, das universelle Licht dynamisch zu machen und in der Welt auszustrah-

len, ist in dieser Entwicklungsphase der Menschheit außerordentlich wichtig, denn diese alte Zivilisation ist im Begriff, sich aufzulösen. Je mehr befreiende Lichtbrennpunkte auf diesem Planeten entstehen, durch die die göttliche Ursubstanz in die dunkle Welt einstrahlen kann, um so mehr gefallene Engel können in den Licht-Umwandlungsprozeß aufgenommen und zur Geburt des Neuen Menschen geführt werden. Wir unterstützen alle, die den befreienden Weg gehen und leiten ihnen in abgeschwächter Form die göttliche Ursubstanz zu, so daß sie in dieser gefallenen Weltordnung assimiliert und verwendet werden kann. Würde diese mächtige Kraft nicht heruntertransformiert und abgeschwächt werden, müßten alle gefangenen Seelen augenblicklich in diesem mächtigen Feuer verbrennen."
Der junge Meister ergriff nun das Wort: „Die Menschheit muß jetzt restlos aufgeklärt werden und ihr der Weg der Selbsteinweihung, der zum inneren unvergänglichen Meister führt, gewiesen werden. Der Gottmensch muß jetzt erwachen, kann dies aber erst, wenn der sterbliche Mensch voll erkennt, daß diese überlagerte relative Scheinwelt wahrhaftig nicht existiert. Materie ist ein Produkt des überdeckten Bewußtseins und objektiv nicht existent. Der göttliche Zustand des Geistseelenbewußtseins ist außerhalb von Raum, Zeit, Leben, Tod und Materie. Er hat das unbegrenzte Vermögen, Materie nach seinem Geist zu formen und auch wieder aufzulösen. Viele Seelen, die in dieser Zeit den Weg der Transformation, den Weg des Lichtumwandlungsprozesses, gehen, werden unbegrenzte Fähigkeiten erlangen, ihre

Körper auf eine völlig neue Art zu transportieren. Dies sind Menschen, die an der Geburt der neuen Zivilisation mitarbeiten."

Der alte Meister mit dem Stock sprach: „Gesegnet sei eure weltbefreiende Arbeit. Die universelle Bruderschaft ist bei euch, mit euch und durch euch. Die Saugkräfte der Todesnatur müssen durch das göttliche Gesetz gelockert, neutralisiert und aufgelöst werden. Dann wird diese Planeten-Zelle, gereinigt und erlöst in dem glorienvollen Lichtglanz des siebenfältigen Logos, im Sonnenreich ihren Platz einnehmen. Der ganze solare Körper wird dann für eine höhere göttliche Integration befreit sein und sich für neue Dimensionen der Lichtoffenbarung öffnen."

Die Macht seiner Worte waren für mich fast unerträglich, ich hoffte, daß er nicht mehr weitersprechen würde. Jedes seiner Worte war solchermaßen mit Kraft aufgeladen, daß ich das Empfinden hatte, jede einzelne gesprochene Silbe würde Brandwunden in meiner Seele hinterlassen. Der Feueräther und die astrale Ursubstanz, die seine Zunge bewegten, waren von einer derart hohen Vibration, daß sie nur in sehr geringem Maß in dieser irdischen Welt angewandt werden konnte.

Mir wurde bewußt, daß alles, was dieses hohe vergeistigte Wesen aussprach, sogleich und unwiderruflich geschehen mußte. Er hatte die Macht, den Lauf der Dinge auf dieser Erde schlagartig und vollkommen zu verändern, was aber auch sogleich das Ende der gesamten Menschheit zur Folge hätte. Deshalb war es notwendig,

die Menschheit prozeßmäßig, Schritt für Schritt, dem großen Ziel zuzuführen.
Der junge Meister reichte mir einen Zettel für Mister Wang, auf dem noch einige Namen von Kontaktpersonen standen, die uns bei unserer Arbeit unterstützen konnten.
Die Frau wünschte uns noch einmal alles Gute, und im nächsten Augenblick waren sie für uns unsichtbar geworden. Auf dieselbe mysteriöse Art, wie sie sich in diesem Zimmer materialisiert hatten, hatten sie sich wieder entmaterialisiert und in die innere Welt des Lichtes zurückgezogen.
Allmählich wurde mir bewußt, daß ich hier in diesem Zimmer neben Mister Romanefski in einem Sessel saß. Ich war mir nicht sicher, ob die Meister in dieses Zimmer gekommen waren oder ob sie uns zu sich ins Universum des Lichtes erhoben hatten.
Eine große innere Veränderung hatte sich in mir vollzogen, meine Seele lebte und strahlte wie die aufgehende Sonne. Die Worte des alten Meisters hatten alle meine noch vorhandenen Probleme und Begrenzungen im Bruchteil einer Sekunde wie Eierschalen geknackt. Die Spiele von Licht und Schatten in meiner Seele hatten eine immense Läuterung erfahren, und die Göttin, die den alten Lebensfaden durchschneidet, war mir erschienen.
Mister Romanefski saß stillschweigend neben mir, offensichtlich hatte auch er eine große Transformation erlebt, dann meinte er: „Ich glaube, wir können jetzt zurückkehren. Mein Leben hat sich heute erfüllt."

Als wir den Garten betraten, sahen wir den Rinpoche im Lotussitz vor einem wunderbar blühenden Busch sitzen, zu dem er lachend sprach. Offensichtlich befand er sich in einem Zustand höchster Glückseligkeit. Es war ein erhabener Anblick, denn alle Blüten hatten sich, soeben noch dem Sonnenlicht, nun dem Rinpoche zugewandt, als lauschten sie aufmerksam seinen Worten.
Er hatte uns sogleich bemerkt und kam auf uns zu: „Ihr Glücklichen seid in den großen Tempel der aufgehenden Sonne eingetreten. Das Sonnenreich hat sich euren Seelen aufgetan. Inzwischen habe ich einen anderen Pfad den Berg hinunter entdeckt, kommt, wir wollen noch vor Einbruch der Dunkelheit zurück in der Hütte sein."
Tatsächlich war der Abstieg weniger beschwerlich. Wir umgingen einen Berg und durchquerten eine kleine Wüste. Obwohl es schon später Nachmittag war, brannte die Sonne noch mit großer Intensität auf uns nieder. Wortlos gingen wir hinter dem rasch voranschreitenden Lama her, bis wir zwischen zwei Bergen in eine schattige Schlucht gelangten, deren Ende zu einem kahlen Steinhügel führte. In nicht allzu weiter Ferne sahen wir die Hütte, wo unsere Gastgeber auf uns warteten.
Als wir in die Hütte kamen, hatte sich bereits die Dämmerung ausgebreitet, und wir saßen im Lichtkreis einer ranzig riechenden Talgkerze. Lichtschattenspiele malten verschiedene Bilder auf das kranke eingefallene Gesicht unseres Gastgebers. Er hüstelte und meinte: „Ich gehe die Hühner füttern." Der sorgenvolle Blick seiner

Frau begleitete ihn zur Tür. Den Abend verbrachten wir in Stille, keine Fragen, ob wir die Meister getroffen hätten oder aus welchem Land wir stammten, kamen von den Gastgebern.
Ich bewunderte ihr inneres Schweigen, das keine seichten Worte zuließ. Die Gastgeberin erklärte dem Rinpoche auf seine Frage, daß täglich nur ein einziger Bus diese Strecke befahre, den Zeitpunkt, wann er vorbeikomme, wisse man nie so genau. Deshalb wollten wir kurz nach dem Frühstück losziehen.
Nachdem wir uns am nächsten Tag von ihnen verabschiedet hatten, segnete der Rinpoche das Haus, und dann machten wir uns auf den Weg. Wir waren froh, unter dem großen Blätterdach entlang der Straße Schutz vor der sengenden Sonne zu finden.
„Sobald wir in Benares ankommen, werde ich gleich nach Calcutta weiterreisen müssen, aber falls Sie wieder einmal nach Indien kommen, schreiben Sie mir ins Kloster von Sarnat, die werden mich dann benachrichtigen. Wir könnten uns treffen und gemeinsam verschiedene wichtige Orte im Himalaya besuchen. Doch auch wenn wir physisch voneinander getrennt sind, sind wir doch innerlich immer untrennbar zusammen“, erklärte der Lama in seiner unbelasteten Art. Mister Romanefski antwortete: „Sie haben recht, mein Freund, das Unendliche verschluckt das Endliche. Wir arbeiten daran, diese Schein-Formen-Welt zu durchschauen und aufzulösen. Wie könnte es im Ungeborenen, Ungeformten, Ungewordenen eine Trennung geben; die Weltkulisse zerbröckelt langam, aber sicher.“

An der Schwelle meiner Gedanken versuchte sich eine Frage zu formulieren, die aber sogleich wie eine Seifenblase im lichten Ozean der Intuition zerplatzte.
Die mystische Dimension der Frage nach der Zukunft des Planeten hatte sich endlich von selbst für mich beantwortet.
Die Menschheit war am Schnittpunkt der Auferstehung ins göttliche Lebensfeld angelangt, doch viele Seelen waren noch von der fürchterlichen schwarzen Magie der Selbstsucht und des Hasses erfüllt, die sie wie schleichendes Gift in die dunklen Unterwelten herabsog, wo sie in mondlosen Nächten auf endlosen Pfaden herumirrten.
Lautes Hupen riß mich aus meinen Gedanken. Wieselflink war der Rinpoche aufgesprungen, um den sich rasch nähernden Bus zu stoppen. Wider Erwarten war er fast voll besetzt, so daß wir nicht beieinander sitzen konnten. Ich setzte mich neben einen Bauern hinten im Bus, der zwei junge verängstigte Ziegen an einem Halfter festhielt und lautstark mit seinem Sitznachbarn diskutierte. Auf der anderen Seite saß ein unrasierter jüngerer Mann, der mit gebrochenem Englisch unbedingt mit mir ins Gespräch zu kommen versuchte und nicht bemerkte, daß ich dazu überhaupt keine Lust hatte.
Doch der spöttische Mund mit den gelben Zähnen ließ nicht locker, und sein überspitztes Lachen tönte wie das Meckern der Ziegen. Nachdem ich mich eine Weile mit ihm unterhalten hatte, ließ er mich in Ruhe, und bald danach legte er seinen Kopf auf meine Schulter und schnarchte selig.

Die enorme Präsenz der Leuchtkraft, die von den Meistern ausgegangen war, vibrierte immer noch in voller Herrlichkeit in meinem ganzen Wesen, und ich wußte, daß ich fortan unwiderruflich mit diesem hohen Strahlungsfeld verbunden sein würde. Wie durch Kettenreaktionen öffneten sich mir unaufhörlich Türen und Tore, die wie von unsichtbarer Hand erschlossen wurden, so daß sich mir immer mehr von der göttlichen Vision offenbarte.

Während ich in diesem grenzenlosen Glücksgefühl der inneren Freiheit verweilte, überwand mein Körper alle Unannehmlichkeiten der Reise spielend.

Als der Bus in stockdunkler Nacht anhielt und der Fahrer den Namen des Dorfes ausrief, erwachte mein Nachbar schlagartig, rieb sich die Augen und streckte mir die Hand hin: „Es hat mich gefreut, Ihre Bekanntschaft zu machen, ich steige hier aus, ich besuche hier meinen Bruder." Auch der Bauer zerrte die laut meckernden Ziegen aus dem Bus und verabschiedete sich mit einer Geste von mir.

Der Rinpoche und Mister Romanefski standen beim kleinen Früchteladen und unterhielten sich. Ich entschloß mich, den Bus ebenfalls zu verlassen und mich zu ihnen zu begeben. Kaum war ich draußen, kam ein älterer Mann mit krallenartigen Händen auf mich zu, und indem er mir eine Zeitschrift entgegenstreckte, übergoß er mich mit einer klebrigen apokalyptischen Rede und wollte mir mit Nachdruck weismachen, daß die einzige Rettung, dem nahenden Weltuntergang zu entgehen, darin bestehe, Mitglied seiner Kirche zu werden. Die einzige Möglichkeit, ihn loszuwerden, bestand darin, ihm eine Zeitschrift abzukaufen und ihm zu bestätigen, daß er wohl recht hätte.

Der Rinpoche kam mit einem Glas Tee zu mir: „Mister Romanefski sagte mir soeben, daß sie vielleicht noch ein paar Tage in Indien bleiben, bevor Sie die Rückreise antreten, das wäre sicher gut.“ Der Gedanke, nach Hause zurückzukehren, weckte ein merkwürdiges Gefühl in meinem Herzen. Der Gedanke an die Rückkehr in dieses farblose Land, mit all den grauen Menschen mit den nach unten gezogenen Mundwinkeln und den leeren gläsernen Augen, in welchen sich Resignation und gähnende Langeweile widerspiegelte, behagte mir nicht. Doch sogleich wurde mir klar, daß ich zurückkehren mußte, denn eine große Arbeit wartete auf uns, und Mister Romanefski als wahren Freund zur Seite zu haben, erfüllte mich mit Zuversicht und Kraft.

Am nächsten Tag kamen wir am frühen Abend in Benares an. „Hier trennen sich unsere Wege“, meinte der Rinpoche. Ein Schatten leisen Bedauerns schwebte über mein Herz, denn durch ihn war mir erst richtig die mächtige Dimension des Präzisionsinstrumentes meiner Seele bewußt geworden. Er hatte mir die Früchte des Weges der Entsagung entschleiert.

Ein junger Chela im Ockergewand kam auf ihn zugeeilt und begrüßte ihn herzlich mit Ehrerbietung. „Er wird mich begleiten“, erklärte der Rinpoche und klopfte dem jungen Mönch freundschaftlich auf die Schulter. Nachdem wir uns verabschiedet hatten, verschwanden die beiden in der Menschenmenge.

Am Rande der Stadt fanden wir eine kleine ruhige Herberge. Der wohlgenährte gutgekleidete Besitzer ließ uns mit Nachdruck wissen, daß er in England studiert habe.
Mister Romanefski und ich saßen vor unserem Bungalow auf der Veranda im kühlen Schatten. „Wir könnten noch ein paar Tage in Indien verbringen, bevor wir zurückfliegen“, sagte er mir, nichtsahnend, daß der Rinpoche mich über dieses Vorhaben bereits informiert hatte. Erfreut willigte ich ein.
Wortlos und still saßen wir da. Mir wurde schlagartig bewußt, daß ich eine völlig neue Perspektive erlangt hatte, die Welt in mir und außerhalb meiner selbst zu betrachten. Wie Butter in der Sonne hatten sich Begrenzungen aufgelöst, und aus grenzenloser Ferne betrachtete ich meinen physischen Körper, der ruhig und entspannt dasaß. Der Körper war zu einem Brennpunkt geworden, durch den sich das Ewige in der Zeit offenbarte. Doch mein wahres Wesen war jenseits von Name und Form eingebettet in den grenzenlosen Ozean des Lichtes, der Liebe und der Glückseligkeit.
Äonen von Zeiten war meine Seele durch die Finsternis der Weltenkräfte gewandert, bis zu diesem Punkt, wo sie frei wie ein Vogel die göttlichen Welten durchfliegen konnte. Wieviel Mühsal ich durchlitten hatte, all die fruchtlosen okkulten Übungen und Anstrengungen, die mit ichzentralen Wünschen und Zielen verbunden waren, Resignation und Stagnation – all das hatte sich jetzt in der Gegenwart der göttlichen Meister restlos aufgelöst.

Zwei Tage danach flogen wir nach Bombay, und drei Tage später standen wir im Internationalen Flughafen und kehrten nach England zurück. Mit innerer Bestimmtheit wußte ich, daß ich in dieses Land zurückkehren mußte. Mir war, als ob ich viele Monate weggewesen wäre, und ich wußte noch nicht so recht, wie ich mich in meiner alten bekannten Umgebung wieder einschwingen würde.
Plötzlich empfand ich das Bedürfnis, meine alte Wohnung aufzulösen und das Angebot von Mister Romanefski, bei ihm einzuziehen, anzunehmen.

Es werde Licht

„In wenigen Minuten werden wir landen. Die Außentemperatur ist zwölf Grad, und es regnet leicht", verkündete die Stewardeß mit sanfter Stimme. Das Flugzeug durchbrach die dicke graue Wolkendecke, und kurz danach landeten wir. Als wir ins Taxi stiegen, kam ich mir wie ein Schlafwandler vor; meine Seele war noch in Indien.
„Möchten Sie noch zu mir nach Hause kommen? Wir könnten uns etwas zu essen machen", schlug Mister Romanefski vor. Gerne nahm ich an, denn ich war überhaupt nicht motiviert, nach Hause zu gehen.
Mir fiel auf, daß ich mich jedes Mal in der Bibliothek in denselben Sessel setzte wie zur Zeit, als Natascha noch gelebt hatte. Und jedes Mal kamen Erinnerungen hoch. Doch diesmal war kein Schmerzgefühl mehr vorhan-

den, mein Zustand war leicht und abgelöst von diesen alten egoistischen Verhaltensmustern.
Als wir später beisammen saßen, sammelte ich Kraft und sagte: „Sie haben mir vor Ihrer Abreise angeboten, bei Ihnen einzuziehen und mit Ihnen das Haus zu teilen. Ich habe es mir überlegt und würde Ihren Vorschlag gerne annehmen, da wir in Zukunft enger zusammenarbeiten werden." Damit hatte ich einen wichtigen Grundstein für meine Zukunft gelegt.
Mister Romanefski war hoch erfreut über meinen Entschluß und meinte: „Mister Wang weiß sicher schon, daß wir zurück sind. Seinem gereinigten Blutstrom sind keine Grenzen gesetzt. Er ist in seinem hohen vergeistigten Zustand allgegenwärtig."
Am frühen Abend, nachdem wir alle Einzelheiten meines Umzugs besprochen hatten, verabschiedete ich mich, und wir verabredeten uns für den nächsten Tag.
Mein Körper war müde und matt, als ich meine Wohnung betrat. Auf die Möbel hatte sich eine Staubschicht gelegt, und das dunkle Loch des leeren Kamins gähnte mir entgegen. Müde ließ ich mich in den Sessel fallen, dessen quietschendes Geräusch mich begrüßte. Mein Blick wanderte zum kleinen Ölgemälde an der Wand mit dem weinenden Clown, das mir Mrs. Clive vor einigen Jahren geschenkt hatte. Oft war mir dieses Bild wie ein eigenes Porträt vorgekommen. Das Alleinsein in der Wohnung ohne dröhnenden Straßenlärm, ohne sengende Hitze und ohne Bettler vor dem Haus – das alles kam mir jetzt höchst merkwürdig vor. Mir war

klar, daß es noch Tage dauern würde, bis ich mich hier wieder integriert haben würde.
Als ich mich ins Bett legte, schlief ich sofort ein. In der anderen Welt traf ich Mister Wang und Mister Romanefski. Gemeinsam saßen wir zuoberst auf einem Berg und schauten still in die Weiten des offenen Raumes hinaus. Eine innere Stimme erklärte: „Es gibt keinen leeren Raum."
Als ich am Morgen erwachte, brauchte ich längere Zeit, um mir darüber klar zu werden, daß ich in meiner kleinen Wohnung in London in meinem Bett lag.
Der Bäcker um die Ecke hatte meine Abwesenheit überhaupt nicht bemerkt und begrüßte mich wie immer in aufgesetzt klebrig-freundlichem Geschäftston. Immer noch, wenn er auf den Knopf der Kasse drückte und das feine Klingeln vernahm, legte er liebevoll das Geld hinein, und im selben Augenblick entdeckte ich das bekannte kurze Glühen in seinen Augen.
Als ich den Koffer auspackte, fand ich in meiner Hemdtasche den Brief, den mir der junge Meister überreicht hatte. Ich verspürte einen sanften Druck in der Herzgegend, als Zeichen ihrer Allgegenwart und meiner inneren Verbundenheit mit dem universellen Lichtstrom.
Ich öffnete die Fenster, die frische Morgenluft verschlang den muffigen Geruch in der Wohnung. Das launische Wetter hatte sich etwas beruhigt, zwischen den vorüberziehenden Wolkenfeldern schien die Sonne durch.
Kurz nach Mittag klopfte es an der Türe. Eine leise Vor-

ahnung machte sich in mir breit. Und tatsächlich: es war Mister Wang. „Willkommen, es ist gut, daß Sie wieder da sind, ich sehe, daß Ihre Reise erfolgreich war," sagte er, bevor ich mich äußern konnte. Seine Ausgeglichenheit und sein Gleichmut fielen mir noch stärker auf als zuvor, und die starke Ausstrahlung seines Energiekörpers durchdrang mein ganzes Wesen.

Als wir uns auf das Sofa gesetzt hatten, übergab ich ihm den Zettel des jungen Meisters. Aufmerksam las er die Nachricht und erklärte mir, daß die Meister ihm Namen und Adressen von Kontaktpersonen mitgeteilt hätten, die in verschiedenen Ländern und Kontinenten lebten. Sie wünschten, daß wir mit ihnen in Kontakt treten würden. Die Arbeit müsse weltumspannend sein, um in allen Lebensbereichen die gefallenen Engel aus dem Todesschlaf zu wecken und in die Befreiung aus der Todesnatur zu führen.

Später fuhren wir durch dichten Verkehr zu Mister Romanefski. Die Aggressivität und die Hektik, die die Atmosphäre schwängerten, machten mir zu schaffen. Mister Wang hatte meine Stimmung aufgefangen, und er meinte: „Sie sind noch nicht ganz in England angekommen, aber es ist wichtig, daß Sie sich über die niederen Schwingungszustände erheben, so daß sie Sie nicht mehr beeinflussen können." Ich wußte genau, was Mister Wang meinte, aber es gab immer noch karmische magnetische Punkte in mir, die mit ihren Saugkräften versuchten, mich auf die persönliche Ebene herunterzuziehen.

Mister Romanefski stand bereits vor dem Haus und er-

wartete uns, denn Mister Wang hatte ihm telephatisch unsere Ankunft mitgeteilt.
Es war ein warmer Nachmittag, und wir saßen hinter dem Haus im Garten. Mein Blick wanderte zum kleinen Erdhügel unter dem Laubbaum, der inzwischen mit feinem grünen Gras überwachsen war.
Mister Wang erklärte: „Wir haben vor mehreren Jahren ein großes Landhaus außerhalb der Stadt gekauft, wo wir bereits mit der Arbeit begonnen haben. Die Menschen, die der Gemeinschaft angehören, haben sich im Laufe der Jahre allmählich zusammengefunden. Ich habe ihnen bereits von Ihnen beiden erzählt. In der Gemeinschaft wurden nur Mitglieder aufgenommen, bei denen sich alle feinstofflichen Räder (Chakras, Geistzentren) in die neue Richtung drehen, die ganz im neuen Leben stehen und daraus leben. Mit Ihnen beiden werden wir zweiunddreißig Mitglieder sein.
Das kosmische Puzzle-Spiel hat sorgfältig Stück um Stück wieder zusammengesetzt. Der Logos führt in jedem Zeitalter die Geistseelen-Gemeinschaft zusammen, um, dem erhöhten Schwingungspotential des herrschenden Tierkreiszeichens entsprechend, den Weg der Menschenfamilie zurück in die Einheit zu weisen. Die Oktavierung dieser Kräftepotentiale strahlt mit großer Macht ins Kollektiv der gesamten Menschheit, so daß sie unweigerlich darauf reagieren muß. Das tut sie immer, entweder im Positiven oder im Negativen. Schlußendlich müssen das gesamte gefallene Seelenpotential und der Planet vergeistigt und in den paradiesischen Urzustand zurückgeführt werden.“

Mister Wang fuhr fort: „Bisher hatten wir uns hauptsächlich mit vorbereitenden Arbeiten beschäftigt, doch dadurch, daß Sie wieder in die Geistseelen-Gemeinschaft zurückgekehrt sind, hat sich die Konstellation erfüllt, und damit wurde auch der Kontakt mit den göttlichen Meistern möglich. Ihr Segen garantiert den totalen Erfolg unserer Arbeit. Sie haben das stoffliche Universum überwunden und sind daher Herrscher über die Materie, über Leben und Zeit und Raum. Erst, wenn die Geistseelen-Gemeinschaft auf Erden ihren Auftrag wiederum voll wahrnimmt, sind die Meister bereit, vorübergehend einen physischen Körper anzunehmen, um die Lichtströme der Ewigkeit wiederum in der Zeit zu verankern. Das goldene Lebenselixier kann nun in Übereinstimmung mit dem göttlichen Gesetz mit großer Macht und Herrlichkeit in die Welt ausgestrahlt werden."

Welch eine überwältigende Perspektive mir Mister Wang eröffnet hatte!

Zwei Raben zankten im Laubbaum und flogen laut kreischend in die Lüfte, das ganze Spektrum der Krähensprache gebrauchend. Lieblich streifte der sanfte Wind das feine grüne Gras und trug die Düfte der blühenden Frühlingsblumen zu uns herüber. Ich war in einen Zustand eingetreten, in dem Götter, Engel, Menschen, Tiere, Pflanzen und Steine im Lichte der Einheit verschmolzen. Sie alle waren in mir, aber ich nicht in ihnen. Endlich war ich aus diesem begrenzten Körper erwacht. Bilder aus meiner grauen Vorvergangenheit liefen wie ein Film vor meinem inneren Auge ab, eine äonenlange

Kette von Ursachen und zeiträumlichen Wirkungen. Jahrhunderttausende war ich in meiner eigenen beschränkten subjektiven Vorstellungswelt gefangen gewesen, wie in einer bunten Seifenblase, die von meinen eigenen Bilderkräften gefüllt war. Ich hatte mir eingebildet, das sei Realität. Die mentalen Tätigkeiten hatten mich an die Materie genagelt.
Mister Romanefski hatte die starken Lichtströme, die jetzt aus meinem Körper strahlten, bemerkt und freute sich, daß sich bei mir dieser wichtige Durchbruch vollzogen hatte. Mir war nun klar, daß sich erst jetzt die höheren Verwirklichungsprozesse im göttlichen Lebensfeld vollziehen konnten.
Wir hatten den ganzen Nachmittag dagesessen und viele wichtige Aspekte der kommenden Zusammenarbeit miteinander besprochen. Wir verabredeten uns nun für den nächsten Tag, da wir mit Mister Wang ins Landhaus fahren wollten.
Als ich mich verabschiedet hatte, ging ich die Straße hinunter und beobachtete die mir entgegenkommenden Menschen. Matte Seelen, die wie erloschene Sterne orientierungslos in dieser Welt herumirrten, versunken in ihre eigene Dunkelheit, gingen an mir vorbei. Ich betrachtete ihre Aura, die Wellen ihrer Seelen und die Gemütsverfassungen und stellte fest, daß sich der Großteil dieser gefallenen Engel erschreckend weit von ihrem göttlichen Zustand entfernt hatten. Die Blume des Herzens war völlig eingekerkert oder kaum noch vorhanden. Ab und zu Lichtblicke, die sich aber nicht weiter als auf der naturreligiösen oder humanistischen Ebene ab-

spielten. In Myriaden verschiedenartigster Schwingungszuständen äußerten und funktionierten die Seelen in einem gewaltigen Spektrum von Bewußtseinssphären.

Als ich meine Wohnung betrat, kam sie mir fremd vor, denn durch den Entschluß, bei Mister Romanefski einzuziehen, hatte ich mich völlig von diesem Ort abgenabelt.

Als ich auf dem Bett lag, schlief ich bald ein; der Körper lag ruhig da, doch mein Geist war klar und wach. Keine wirren dunklen Bilder stiegen mehr aus dem Unbewußten hoch oder raubten mir die Ruhe. Meine Seele war beflügelt durch die großen Tore der göttlichen Einweihungsmysterien eingetreten. Ich war eine kleine Welle auf dem Ozean des Lichtes, des Friedens und der Glückseligkeit. Mitten in der Nacht erwachte ich mit riesigem Schrecken. Mein Körper war nicht mehr da, und ich war mir meiner selbst nur noch als eines titanischen Kraftfeldes bewußt. Allmählich besänftigte ich mich, und ich wurde wieder des physischen Körpers gewahr. Formlos und namenlos atmete ich durch diesen Körper, aber diese Atmung begrenzte sich nicht mehr auf den physischen Körper, sondern ich atmete in und durch das ganze Universum.

Die Gleichzeitigkeit von Vergangenheit und Zukunft war transparent und durchschaubar. Die Überbleibsel der karmischen Punkte, die noch mit dem physischen Körper verbunden waren, befanden sich außerhalb meines wahren Selbstes und würden sich mit dem Tod des vergänglichen Erdenkörpers restlos auflösen.

Am späteren Nachmittag des nächsten Tages holte uns Mister Wang ab, und gemeinsam durchquerten wir die Stadt. An diesem Tag kam mir die Reise durch den dichten Verkehr wie ein Film aus einer anderen Welt vor. Ich war mir gar nicht bewußt, daß ich in einem Auto saß, und meine Augen nahmen an diesem Tag vorwiegend die Energiekörper der Menschen wahr. Abgelöst betrachtete ich die Ausstrahlungen der Menschen. Viele lebten, ohne sich dessen bewußt zu sein, hier und jetzt in den niederen höllischen Gebieten der Unterwelt und wurden in Wechselwirkung durch diese niederen Sphären beeinflußt.
Die selbstsüchtigen Gedankenbilder waren in den feinstofflichen Körpern energetisch deutlich sichtbar, und erst jetzt wurde mir voll bewußt, daß auch ich ein Teil dieses mechanisch funktionierenden Kollektivs gewesen war und unbewußt mitgeholfen hatte, diesen unheiligen Lebenszustand zu beleben und instandzuhalten. Die Wurzel dieser Ursache lag in der begrenzten ichbezogenen Persönlichkeit.
Als wir die Stadt verlassen hatten, fuhren wir durch Wälder, vorbei an grünen Hecken und Wiesen. Gemütlich rupften Kühe das grüne Gras und kauten es meditativ. Mit großen fragenden Augen schauten sie uns nach, auch die Kaninchen am Rande eines Feldes ließen sich durch das Motorengeräusch nicht stören.
Nach langer Fahrt stand am Straßenrand eine Tafel: „Privat, betreten verboten". Mister Wang öffnete das

große Tor, wir fuhren einen schmalen Feldweg entlang und gelangten zu dem großen Haus, das von einem ausgedehnten, gepflegten Park umgeben war. Alte, hohe, majestätische Laubbäume beschirmten das Haus.
Mister Wang parkte das Auto, viele andere standen bereits da. „Wir sind da", meinte er und klingelte an der Türe. Eine ältere Dame und ihr Mann begrüßten uns, und Mister Wang machte uns bekannt: „Das ist Mrs. und Mister Scott", und dann nannte er auch unsere Namen.
„Seien Sie herzlich willkommen", sagte die Dame; etwas Ungewöhnliches in ihrer Stimme faszinierte mich. Ihr Leib war von Licht umgeben, und um ihr Haupt blitzten die goldenen Strahlen der befreiten Seele. Es war offensichtlich, daß sie sich beide von der irdischen Welt gelöst hatten. Sie führten uns in einen großen Empfangsraum, wo wir die Bekanntschaft der anderen Mitglieder machten. Alle Anwesenden trugen ein und dieselbe Signatur, ihre Ätherkörper waren rein, hell und widerspiegelten die Radiationen der göttlichen Welt.
Während immer noch neue Gäste hinzukamen, unterhielten wir uns mit Mister Scott. Als wir vollzählig waren, stand Mister Scott auf und sprach: „Liebe Freunde, heute ist ein freudiger und außerordentlich wichtiger Tag. Wie Sie bereits von Mister Wang erfahren haben, sind Mister Romanefski und Mister Mongrave, die nun auch anwesend sind, bei unseren göttlichen Meistern gewesen. Sie haben unsere Arbeit gesegnet und werden die Lichtschätze der göttlichen Welt über uns aus-

gießen, so daß sich das Hermetische Gesetz erfüllen kann: wie oben, so unten und wie unten, so oben. Wir wollen nun ins Hauptgebäude gehen."
Wir betraten einen großen hellen Saal, der hinter dem Haus angebaut war, und setzten uns auf die bequemen Polstersessel. Der dreiunddreißigste Sessel war leer, er war symbolisch der Stuhl der ewigen unsichtbaren göttlichen Meister. Zartblaue Vorhänge waren vor die hohen Fenster gezogen, und an der weißen Wand hinter dem Rednerpult hing ein großes goldenes Symbol: eine Sonne mit dreizehn leuchtenden Strahlen. Als ich dieses Symbol erblickte, durchfuhr es mich wie ein Blitz, denn es kam mir außerordentlich vertraut vor. Ich konnte mich nur im Moment nicht erinnern, wo ich es schon gesehen hatte.
Mister Scott stand hinter dem Rednerpult und hielt eine Ansprache, als plötzlich völlig unerwartet der alte Meister im Ockergewand mit seinem Bambusstock in der Hand neben ihm im Raum stand.
Die Versammelten blieben völlig ruhig und emotionslos, als wäre sein Erscheinen das Natürlichste der Welt. Wiederum waren meine Nerven an der Grenze angelangt, diese mächtige Lichtausstrahlung zu verkraften. Doch er modulierte seine Kraft und ließ sie mit der der Anwesenden zu einer Einheit verschmelzen. Riesenhafte befreiende Kräfte zirkulierten im Raum und breiteten sich augenblicklich über die ganze Welt aus. Alle lichtsuchenden Seelen wurden in den Herzen berührt und erweckt, und das Dämonische wurde neutralisiert.
Der Meister sprach: „Wer überwindet, der besitzt die

vier Gesichter Gottes und die zwölffache Ausstrahlung. Wer sich vom Hindernis des Raumes befreit, kann sich örtlich dorthin versetzen, wo er will, denn im Absoluten gibt es kein Hier und Dort, nur Allgegenwart. Offenbart unermüdlich Gotteskraft durch eure Seelen, und arbeitet am großen Lichtumwandlungsprozeß, an der Transfiguration des ganzen Planeten, des ganzen Sonnensystems. Wir sind bei euch, mit euch und durch euch."

Jedes Wort des Meisters hatte unmittelbar eine Reaktion in der ganzen Welt bewirkt. Er verabschiedete sich und war im nächsten Augenblick aus unserem Gesichtskreis verschwunden.

Nach mehreren Ansprachen verabschiedete uns Mister Scott und drückte nochmals mit Nachdruck aus, wie glücklich er sei, daß die Seelengemeinschaft nun zu einem unauslöschlich leuchtenden Feuer in dieser Welt geworden sei.

Lautlos fuhr das Auto durch die dunkle Nacht. Das Himmelsgewölbe war wolkenlos, und in der Nähe der zunehmenden Mondsichel strahlte die Venus als Abendstern. Zwei unruhigen Augen gleich suchten die Scheinwerfer den Weg durch die Dunkelheit. Wie dunkle Spukgestalten huschten die großen Büsche beidseits der Straße vorbei und fielen in die Dunkelheit zurück.

Als wir durch die Stadt fuhren, sah ich einige leichtgekleidete Damen am Straßenrand stehen, sie gingen dem ältesten Gewerbe der Welt nach und stellten bewußt ihre Reize zur Schau. Eine Gruppe angetrunkener Männer hatte im Rausch Mut gefaßt, und ihre lodernde

Gier sog sie wie von Magneten angezogen zu den Damen hin.
In der Nähe stand ein ihn Lumpen gekleideter Mann mit einer Schnapsflasche in der Hand. Er legte sich gerade in den Eingang eines geschlossenen Lebensmittelgeschäftes. Es war einer der unzähligen Obdachlosen, die die Gesellschaft erbarmungslos ausgespuckt hatte.
Spät nach Mitternacht setzte mich Mister Wang vor meiner Wohnung ab, aber von diesem Tag an fuhren wir täglich zum großen Landhaus hinaus. Einen Monat später war meine Wohnung aufgelöst, und ich war bei Mister Romanefski eingezogen.
Das große Erlösungswerk in und aus der zeiträumlichen Welt zeigte schon bald objektive Früchte.
Der Impuls des goldenen Lebenselixiers der Universellen Bruderschaft hat einen mächtigen unwiderruflichen Stempel in die zeiträumliche Welt gedrückt, und die erhabene, unsichtbare Arbeit ist bis zum heutigen Tage forgesetzt worden und wird weitergeführt, bis der große Schöpfungsplan vollendet ist.

Nachwort

Lieber Leser,

um den Lichtkreis der universellen Liebe zu vervollständigen, drängen sich noch einige wichtige Erklärungen auf.
Die Universelle Lichtbruderschaft ist keine Fiktion, son-

dern eine lebendige Tatsache. Diese leuchtende Gemeinschaft besteht seit Anbeginn der Zeiten bis zum heutigen Tag, und sie erfüllte ihre große Aufgabe meist im Verborgenen, da der Großteil der Menschen ihrem Seelenzustand nach noch nicht bereit war, mit den erhabenen Mysterienlichtströmen verbunden zu werden.
Zu allen Zeiten erschienen Abgesandte aus dem Sonnenreich, der ewigen Welt in diesem Universum des Todes, um die Ewigkeit in der Zeit zu befestigen – mit dem hohen Ziel, Welt und Menschheit wieder in ihren ursprünglichen göttlichen Seinszustand zurückzuführen.
Jetzt, da du, lieber Leser, diese Zeilen liest, gibt es unzählige befreite erleuchtete Seelen, die auf dieser Erdkugel wandeln und unermüdlich damit beschäftigt sind, Seelen zu wecken, um sie für den inneren befreienden Weg zu sensibilisieren, damit sie sich wiederum ihrer wahren göttlichen Herkunft erinnern und bewußt Einsicht in das Geheimnis der goldenen Blüte erlangen.
Evolutionsgemäß drängt der ganze Kosmos zu einer höheren Integration in der göttlichen Welt. Dieser riesige Umwandlungsprozeß betrifft direkt auch Dich. Ob Du Dir dessen bewußt bist oder nicht – der Prozeß findet jetzt statt, unaufhaltsam und unabwendbar.
Es ist an der Zeit, daß Du wach und bewußt die volle Verantwortung über Dein Leben wahrnimmst, über Denken, Fühlen und Handeln, denn der mächtige Auflösungsprozeß dieser alten Zivilisation mit ihrer begrenzten zeiträumlichen Struktur findet in Dir statt.
Dadurch eröffnen sich der gesamten Menschheit rie-

senhafte und herrliche Möglichkeiten, die in ihrem ganzen Umfang und in ihrer Perspektive zu diesem Zeitpunkt noch nicht voll wahrgenommen werden können. Es liegt an Dir, Deine Grenzen und Begrenzungen abzulegen und zu überwinden, um im unbegrenzten Raum des göttlichen Sonnengeistes bewußt zu werden. Dann bist Du eine leuchtende Zelle in dieser dunklen Welt, ein Licht für alle und alles, und wo Licht ist, muß Dunkelheit weichen.
Wenn Du die ersten Schritte ins befreiende Leben wagst, wirst Du nie allein sein, immer wird Hilfe und Unterstützung aus dem ewigen Lichtreich zu Dir kommen.
Weder Übungen noch okkulte Praktiken können Dich aus der Zeit in die Ewigkeit führen, denn „selig sind die reinen Herzens sind, sie werden Gott schauen".
Das Licht zu forcieren, führt in die Dunkelheit und verstärkt die Ich-Kräfte der vergänglichen Persönlichkeit. Erhebe Dich in die göttliche Sphäre jenseits des begrenzten Ich und der begrenzten intellektuellen Ebene. Sobald sich das Begrenzte auflöst, bist Du unbegrenzt, sobald Du Deine innere Dunkelheit durchschaust, löst sie sich auf, und Du wirst zu Licht. Wo Du Deine Sterblichkeit überwunden hast, bist du unsterblich. Dein ganzer Körper transfiguriert, verwandelt sich in einem mächtigen Lichtumwandlungsprozeß, und damit bist Du konkret in die göttliche Welt polarisiert. In diesem Licht, in diesem vergeistigten Zustand lebst Du unvergänglich in der göttlichen Welt, unbegrenzt mit unendlichen Möglichkeiten, deren Herrlichkeit und Glorie für

den beschränkten menschlichen Verstand völlig unvorstellbar und unbegreifbar sind.
Zögere nicht, liebe Freundin, lieber Freund, lasse Dich nicht beeinflussen und ablenken, sei nüchtern, wisse: das Lichtreich ist bereits in Dir. Entferne die dunkle träge Schlacke, die sich im Laufe der Jahrhunderttausende auf Deiner leuchtenden Seele gebildet hat.
„Das Unergründbare, das man ergründen kann, ist nicht das unergründbar Letzte.
Der Begriff, durch den man begreifen kann, zeugt nicht vom Unbegreiflichen. Im Unbegreiflichen liegt der Welt Beginn, nennbar wird nur, was Gestalt gewinnt." Laotse

Weitere lieferbare Bücher von
Mario Mantese:

DAS GEHEIMNIS VOM WEISSEN STEIN

Vorliegendes Buch erzählt in Märchenform von der Reise des jungen Elfen Cherubino, der durch viele Erlebnisse, Abenteuer und Begegnungen hindurch, zu dem unbekannten Land ES wandert, in dem sich alle Widersprüche und Gegensätze auflösen. ES ist sowohl ein ‚Gebiet' als auch ein Zustand des Bewußtseins, der das biologische Bewußtsein transzendiert.

Der ‚Weiße Stein' ist der verborgene Hüter der Formeln des Lichtes, der Umwandlungen des Geheimnisses der Geheimnisse; der Wandlung vom Begrenzten zum Unbegrenzten, von der Form zum Formlosen.

Die hier erzählte Geschichte kann der Leser als Erzählung märchenhafter Begebenheiten ansehen, oder aber den Blick und die Aufmerksamkeit auf die inneren Abläufe lenkend, als Initiationsweg erkennen.

Die Geschichte ist in ihrem Aufbau so gestaltet, daß sie gleichfalls von einem Kind oder einem Erwachsenen gelesen werden kann. Der erwachsene Leser wird sie mit anderen Augen lesen und verstehen. Gemäß seinem Bewußtseinszustand wird er in die tieferen Schichten des Gelesenen eindringen und dort einen alchemistischen Initiationsweg schauen.

336 Seiten, gebunden
ISBN 3-7699-0476-1

VISION DES TODES

Mario Mantese war ein sehr erfolgreicher Musiker der amerikanischen Musik-Gruppe ‚Heatwave', als er in London mit einem Messer niedergestochen wurde. Blind, stumm und gelähmt am ganzen Körper erwachte er nach vier Wochen aus dem Koma. Eine unbändige Lebenskraft und ein durch nichts zu beugender Wille, die körperlichen Behinderungen zu überwinden, waren Ansporn, dieses Buch zu schreiben.

Ein fesselnder, authentischer Bericht über den Zustand zwischen Leben und Tod, und eine intensiv mit großer Klarheit erlebte Vision im vierwöchigen Koma, die eine Wandlung der Seele Mario Manteses im Zwischenreich bewirkte.

Er selbst sagt dazu: „Die Bilder und die bewußt erlebten Ereignisse dieser ‚Traumfahrt' zwischen Leben und Tod haben sich mir mit unerhörter Klarheit unauslöschlich eingeprägt. Ich denke, es dürfte auch anderen Menschen nützen, zu erfahren, was im Bewußtsein eines scheinbar tot daliegenden Menschen vorgeht, und den die Ärzte sozusagen ohne Hoffnung physisch am Leben zu erhalten versuchen."

DREI EICHEN VERLAG